Heinz-Lothar Worm

Schulzes Anna

Von Heinz-Lothar Worm sind im Brunnen Verlag außerdem erschienen:

Klara und Katharina
Schulzes Anna und ihre Töchter

Die Tietze Milli

Johanna

Der Raritätenschrank
Geschichten aus der Heimat

Kochen wie bei Schulzes Anna
Rezepte aus Großmutters Küche

Der Distelfink

Heinz-Lothar Worm

Schulzes Anna

Die Geschichte der Anna W.

BRUNNEN
VERLAG GIESSEN · BASEL

„Schulzes Anna" ist auch als Hörbuch auf Kassetten erhältlich.
Gelesen vom Autor. Laufzeit ca. 150 Minuten.
Bestell-Nr. 198702. Brunnen Verlag Gießen

2. Auflage der Großdruckausgabe 2005

Umschlaggestaltung: Ralf Simon
Umschlagfoto aus: Franz Ewert,
„Lahnau in alten Bildern"
Satz: DTP Brunnen
Druck und Bindung: GGP Media GmbH, Pößneck
ISBN 3-7655-1836-0

Das Dorf

Schauplatz des Geschehens ist ein kleines Dorf in Nordhessen – unweit von Kassel. Etwa dreißig Häuser kauern am Fuß des aufragenden Vulkankegels, der noch die Überreste einer mittelalterlichen Burganlage trägt. Es gibt da stattliche Bauernhöfe, schöne Fachwerkhäuser mit geräumigen, offenen Höfen, in deren Mitte ein ebenso stattlicher Misthaufen thront. Und dann sind da die Hütten der Häusler, die nur einen oder zwei Äcker ihr Eigen nennen, welche schmalen Handtüchern gleichen und die nur über Nachbarfelder erreichbar sind.

Es gibt natürlich auch eine Frischwasserleitung – das ist der Dorfbach, aus dem man sich Wasser holen kann, wenn es nicht gerade vorher in Strömen geregnet hat und die Fluten trüb geworden sind. Die Brücke über den Bach, die man heute vorfindet, gab es seinerzeit noch nicht. Die Straße – oder besser: der Fahrweg – führt mitten durch das an dieser Stelle ausgemauerte Bachbett. Für die Fußgänger liegen ein paar alte, behauene Steinblöcke im Bach, über die man bei normalem Wasserstand bequem laufen kann, ohne sich nasse Schuhe zu holen.

Die Kirche ist klein und gedrungen, das Pfarrhaus nebenan dagegen erscheint herrschaftlich. Das stattlichste Gehöft jedoch ist das des Bürgermeisters mitten im Dorf, es liegt schräg gegenüber vom Pfarrhaus. Hier regiert der schon seit vielen Jahren amtierende, seit einigen Jahren verwitwete Dorfschulze mit seinen beiden Söhnen. Der rüstige Fünfziger führt ein strenges Regiment sowohl in seinem Hause als auch in seinem Herrschaftsgebiet.

Und drüben, am Bürgel, da steht eine kleine Kate. Hier wohnt Anna mit ihrer Mutter. Die beiden haben nur eine Kuh, mit der sie auf ihren Äckern arbeiten. Annas Mutter tagelöhnert, so wie es ihr Ehemann seinerzeit getan hat. Anna selbst hilft hier und da als Kindsmagd aus, geht aber auch schon oft mit den großen Bauern ins Feld, wenn zur Zeit der Ernte jede Hand gebraucht wird.

Anna

Anna ist ein hübsches Mädchen. Sie hat ein längliches Gesicht, die Haare schmiegen sich in Wellen um ihren Kopf, hell wie goldgelber Bernstein sehen sie aus, sie glitzern fast in der Sonne. Es ist unnötig zu erwähnen, dass ihre Augen kräftig blau sind. Anna hat die Haare zu einem langen Zopf geflochten, der um den Kopf gelegt wird. Weil die Haare so dick sind, sehen sie von weitem wie eine goldene Krone aus. Eine eigene Tracht gibt es in dem Dorf nicht, also trägt auch Anna keine. Die reichlich gefalteten Röcke sind bei den Mädchen und jungen Frauen heller, bei den älteren Frauen dunkler blau gemustert, die Greisinnen tragen fast nur schwarz. Die Arbeitsschürzen sind aus kariertem Baumwollstoff genäht, nur sonntags trägt man weiße Schürzen.

Anna kommt mit ihrer Freundin Klara aus der Schule. Morgen wird der letzte Schultag sein, denn am kommenden Sonntag ist die Konfirmation. Und dann wollen beide in Stellung gehen. Klara weiß schon, dass sie in einem nahen Städtchen als Magd dienen kann.

Anna hat noch keine Stelle.

„Du hast zwar eine hübsche Larve", hatte ihr die Mutter gesagt, „aber das wird dir nichts helfen. Aus einer schönen Schüssel isst man sich nicht satt. Du könntest hässlich sein wie die Nacht: Wenn du viele Äcker hättest, würden sich die Männer um dich reißen. Aber so ... die schöne Schale ist nichts wert. Arm wirst du sein, ein Leben lang. Du wirst arbeiten und trotzdem hungern. Und von der Gnade der großen Bauern wirst du abhängen. Sie werden dich schuften lassen für einen kargen Lohn. Und wenn sie dir auch nur eine Kleinigkeit schenken, dann wirst du „danke" sagen müssen. Immer wirst du die Tochter eines armseligen Tagelöhners sein. Schön bist du, das ist wahr. Aber das ist nichts nütze. Bilde dir nur ja nichts darauf ein!

Wenn ich dich nur schon los wäre! Es ist Zeit, dass du aus dem Haus kommst. Zwei Mäuler sind zu viel für unser bisschen Land. Aber es will dich niemand haben. Wer will schon die Tochter eines Tagelöhners dingen?"

Nachdenklich schlendern Anna und Klara von der Schule nach Hause. Die Dorfstraße führt auf den Bach zu, der hier Elbe heißt – so wie der große Strom im Osten und Norden.

Klara sagt: „Du wirst schon eine Stelle finden. Vielleicht kann ich ja einmal horchen, ob jemand in Sachsenhausen eine Magd sucht."

Anna lächelt: „Du weißt doch, dass ich arm bin. Du bist die Tochter eines Försters. Und dein Vater kennt so viele Leute in unserer Gegend. Da ist es kein Wunder, dass er gleich eine Stelle für dich gefunden hat. Aber bei mir, wo mein Vater schon so lange tot ist ..."

Ein Pferdefuhrwerk nähert sich. Die Mädchen wissen, dass es nur der Schulze sein kann, denn nur er besitzt zwei

Pferde. Nur wenige Bauern noch haben ein Pferd, die meisten sind Kuhbauern. Die Mädchen verneigen sich, wie es sich gehört, und warten darauf, dass der Schulze mit seinem Wagen vorüberfährt. Aber er ruft: „Brrr...!“, und hält den Wagen an.

Anna und Klara blicken zu ihm auf. Der Schulze ist seit dem Tod des Vaters Annas Vormund. Das hat für Anna aber bisher keine Bedeutung gehabt.

Der Schulze schweigt und starrt Anna an. Mit Blicken, die Anna nicht kennt, tastet er sie ab. Von der Haarkrone bis zu den schlechten, einleistigen Schuhen, die sie trägt. Anna wird rot im Gesicht. Sie schämt sich und weiß nicht warum. Oder ahnt sie, dass ihr Leben von dem dicken Mann auf dem Wagen dort oben so sehr beeinflusst werden wird?

„Er schaut durch meine Kleider hindurch“, denkt Anna und erschrickt zugleich vor den merkwürdigen Augen des Schulzen. Aber da sagt er schon: „Ihr beiden kommt aus der Schule? Habt ihr denn schon Arbeit?“

„Ich gehe nach Sachsenhausen in Stellung“, beeilt sich Klara zu sagen.

„Und du, Anna?“, fragt der Schulze weiter.

„Ich bin noch nicht unter, Schulze“, antwortet Anna, „ich habe noch keine Stellung.“

„So, so“, lächelt der Mann auf dem Wagen, „das wäre ja auch schade ... Hüh!“, ruft er, knallt mit der Peitsche und lässt die Pferde anziehen. „Das wäre wirklich schade!“, lacht er laut, während die Räder auf dem Schotter der Straße knarren. Dann biegt er um die Ecke.

Die beiden Mädchen starren ihm nach. Keine sagt etwas. Anna denkt: „Er ist ein gemeiner Kerl, der Schulze. Warum ist es schade, wenn ich Arbeit habe?“

Klara bittet: „Komm doch noch mal mit zu uns nach Hause. Bald bin ich ja weg von hier. Dann sehen wir uns kaum noch."

Anna denkt an die gute Hausmacherwurst, die ihr Klara manchmal gibt. Deswegen sagt sie: „Ja, ich komme noch einmal mit."

Hoher Besuch im Försterhaus

Vor dem Försterhaus ist eine Kutsche vorgefahren. Klara freut sich: „Das ist der Herr Großvater!" Und sie ahnt, dass sie selbst der Grund des Besuches ist. Der Herr Großvater ist ein Baron, ein richtiger hessischer Baron. Die Försterin, Klaras Mutter, ist seine leibliche Tochter. Im ganzen Dorf ist es bekannt, dass der Baron in jungen Jahren, damals auf dem nahe gelegenen Gut als Soldat stationiert, in einer heftigen Leidenschaft zur Mutter der Försterin entbrannt war, die als Zimmermädchen auf dem Gut arbeitete. Als die junge Frau schwanger geworden war, wollte der Baron sie zu seiner Ehefrau machen. Der Hof in Kassel jedoch verbot ihm die Eheschließung mit einer Bürgerlichen. Klaras Mutter wurde daher unehelich geboren. Der adlige Vater jedoch besuchte seine Tochter oft und nahm auch weiterhin Anteil an ihrem Ergehen. Ihn interessierten auch seine Enkelkinder. So hatte er wohl erfahren, dass seine Enkeltochter Klara am kommenden Sonntag zur Konfirmation gehen würde. Und da wollte er ihr ein Geschenk bringen.

Klara freut sich. Sie hat den Großvater gern, obwohl sie sich auch wieder ein wenig vor ihm scheut. Er ist so anders, so fremd mit seinem „von" vor dem Namen. Aber er hat liebe Augen und überhaupt ein fröhliches Gesicht. Der Großvater hat Klara erwartet. Sie begrüßt ihn artig. Auch Anna kommt um eine Begrüßung nicht herum.

„Du gehst bald zur Konfirmation, mein Kind?“, fragt der Großvater. Klara nickt. „Da sollst du von deinem Großvater ein Geschenk erhalten; eines, das dich an ihn erinnert, auch wenn es ihn schon lange nicht mehr gibt.“ Klara stammelt: „Herr Großvater ...“, aber da schreitet der stattliche Herr zu seiner Kutsche und holt etwas heraus. Er hält Klara ein vornehmes Geldbeutelchen hin. „Da, nimm, mein Kind.“

Klara traut sich fast nicht.

„Da, Kind, nimm nur. Es sind einige alte Goldmünzen in dem Geldbeutel. Sie sollen dir gehören. Zur Erinnerung an deinen Großvater. Trenne dich nur von ihnen, wenn es unbedingt notwendig ist. Und wenn du nun von daheim fortgehst, dann bleibe ordentlich und fleißig.“

Klara steht wie eine Salzsäule. „Danke, Herr Großvater, herzlichen Dank“, kann sie nur hervorbringen.

„Bist deiner Großmutter ähnlich“, murmelt er dann leise, aber vernehmlich. „Die war auch so ...“ Er schluckt und schweigt.

Der Großvater winkt der Försterin zu, die sich ein wenig abseits gehalten hatte. „Gott befohlen, Tochter! Ich sehe, dass du noch einmal gesegneten Leibes bist. So wünsche ich dir denn Gottes Beistand in deiner schweren Stunde. Und lass mich wissen, ob du mir einen Enkelsohn oder eine Enkeltochter beschert hast.“

Die Försterin senkt den Blick. Der Baron ist gerade im Begriff, in die Kutsche zu steigen, da fällt sein Blick auf Anna, die neben Klara steht und ebenfalls das Geldbeutelchen anstarrt. „Wer bist du, mein Kind?“

Anna bringt kein Wort heraus, aber dafür kann Klara

plötzlich gut reden. „Das ist die Anna! Sie wohnt dort drüben am Bürgel und wird auch am Sonntag konfirmiert."

„So, am Bürgel wohnst du?", fragt der Baron freundlich. „Weißt du, Kind, auch du sollst dich an den alten Großvater von der Klara gerne erinnern." Er greift in seine Brusttasche. „Hier, du sollst auch eine Goldmünze haben. Ich schenke sie dir zu deiner Konfirmation."

Er nimmt Annas Hand und legt eine kleine gelbe Münze hinein. Annas Herz klopft bis zum Hals. Sie rührt sich nicht. Erst als der Wagen von Klaras Großvater um die Ecke gebogen ist, kann sie ein wenig winken.

Bei der Mutter

Anna betritt die Kate ihrer Mutter. Sofort merkt sie, dass die Mutter, die eigentlich zu Schwermut neigt, heute sehr aufgeräumt ist. Sie lächelt sogar. „Denk mal, Anna, dein Vormund, der Schulze, war hier."

„Der Schulze?", wundert sich Anna.

„Ja, und stell dir vor, er will dich in seinen Dienst nehmen. Du sollst ab Montag bei ihm als Stallmagd arbeiten. Was sagst du dazu?"

Anna sagt vorerst gar nichts. Sie denkt an die merkwürdigen Augen des Schulzen, an seinen wilden, irgendwie verschlagenen Blick. Und sie denkt an seine Worte, dass es schade wäre, wenn sie schon eine Stelle als Magd hätte.

„Du sagst ja gar nichts", fordert die Mutter sie zum Reden auf. „Freust du dich nicht, dass du Arbeit hast?"

„Doch, Mutter, ich freue mich", beeilt sich Anna zu antworten.

Die Kate besteht aus einem größeren Raum, der Wohnküche und einer angebauten Schlafkammer. In der Ecke der Küche steht ein gemauerter Herd mit einer eisernen Kochplatte. An den Wänden links und rechts hängen Töpfe und Pfannen. Auf einer kleinen Schüsselbank stehen ein paar irdene Teller, Becher und Näpfe. Um den Tisch in der Mitte der Kammer stehen einige Hocker. Die Fenster haben keine Vorhänge. Armselige Drucke zieren die Wände, die anscheinend vor kurzem weiß gekalkt worden sind. In der Schlafkammer steht ein Doppelbett, dazu eine Truhe, die Kleider enthält.

Hinter dem Haus ist eine kleine Scheune angebaut, in dem die Kuh und ein Schwein untergebracht sind, dazu einige Hühner. Über diesem Schober liegt das Heu für die Kuh. Im Schuppen ist das Feuerholz für den Winter und für die Küche aufgeschichtet. Die Kartoffeln und Futterrüben – „Dickwurtelen" heißen sie hier – lagern in einem flachen Keller unter dem Haus, der nur von außen zugänglich ist. Der Abtritt befindet sich am Ende des Gartens in einem kleinen Haus, das ein Herz in der Tür hat. Ach ja, das Wasser. Die Wasserleitung ist der Dorfbach, wobei die Schöpfstelle etwa fünfhundert Meter weit vom Haus entfernt ist.

„Du sollst beim Schulzen arbeiten! Welch eine Ehre für dich", beginnt die Mutter von neuem. „Dabei hätte er doch reiche Bauerntöchter als Mägde haben können. Aber vielleicht denkt er ja noch an deinen Vater. Der hat oft bei ihm gearbeitet, und immer war der Schulze mit ihm zufrieden. Dein Vater konnte aber auch zupacken wie kein Zweiter. Na ja, die Schulzin hat ihn seinerzeit gerne gesehen und ihm immer mal etwas zugesteckt. Aber ich vermute, dass der Schulze das gar nicht weiß. – Wie auch immer, Kind, jetzt bist du gut unter! Du bekommst die beste Stelle im Dorf. Und ich bin dich los. Ich habe nun etwas mehr zu beißen, und du brauchst beim Schulzen bestimmt nicht zu hungern, bestimmt nicht."

Anna ist dermaßen erstaunt über den Redeschwall der sonst so schweigsamen Mutter, dass sie erst jetzt merkt, wie krampfhaft sie mit der Rechten das Goldstück umschließt.

Sie hält der Mutter die geschlossene Hand vor die Augen. Dann öffnet sie langsam die Finger. Die Mutter starrt das Goldstück an. „Gold?", fragt sie. „Echtes Gold? Wo hast du das her? Am Ende gar gestohlen?!"

Anna schüttelt den Kopf. „Das habe ich geschenkt bekommen. Von Klaras Großvater. Er hat Klara einen Beutel mit Goldstücken gebracht. Mir hat er eins geschenkt. Zur Konfirmation."

„Soso, da war der alte Baron mal wieder da. Na ja, der kann auch seine Jugendzeit nicht vergessen! Ist trotzdem schon lange her. Und da hat er dir ein Goldstück geschenkt? Gott lohne es ihm."

Die Mutter schaut sich die Goldmünze an. „So eine habe ich noch nie gesehen. Es muss ausländisches Geld sein."

Anna sagt: „Mutter, wenn ich nun aber beim Schulzen dienen soll, dann ... dann brauche ich doch auch eine Truhe."

Anna weiß, dass in der Gesindetruhe die Mägde ihre Kleider, ihre Bettwäsche und auch ihr Geld aufzuheben pflegen. Diese Truhe wird sie als ihre Habe mit in ihre Mägdekammer nehmen. Und diese Truhe wird sie auch mit sich führen, wenn sie einmal heiraten sollte. In ihr wird sie die Aussteuerwäsche sammeln.

„Oben unter dem Dach steht noch die Truhe von deiner

Großmutter. Wir holen sie herunter und machen sie sauber. Dann hast du auch eine Gesindetruhe, die der Schulze auf den Wagen laden kann, wenn er dich abholt."

Anna nickt. „Heute ist ein merkwürdiger Tag", sinniert sie.

„Ein Glückstag ist heute", verbessert die Mutter. „Und dabei habe ich zuerst einen Augenblick lang wirklich geglaubt, du ... du hättest das Goldstück gestohlen."

„Mutter!", ruft Anna. „Hast du wirklich gedacht, ich bin eine Diebin?" Anna weiß, dass ihre Mutter sich niemals an fremdem Eigentum vergreifen würde. Die Mutter lächelt. „Nein, Kind, für eine Diebin halte ich dich nicht. Aber hüte dich davor, dich jemals am Besitz anderer zu vergreifen. Das wäre für mich die schlimmste Schande. Arm zu sein, das ist nicht schlimm. Aber unehrlich zu sein, das wäre das Verderben."

Anna kennt diese Ansichten. Sie hört sie mehrmals in jeder Woche. Deshalb bittet sie: „Mutter, wollen wir Großmutters Truhe runterholen und abwaschen? Ich räume sie dann gleich ein."

„Jawohl, Tochter", die Mutter lässt sich von Anna ablenken. „Und dein Goldstück, das hebst du im Seitenfach der Truhe auf", schlägt sie vor.

Konfirmation

Heute ist Annas Konfirmationstag. Drei Kinder werden aus der Schule entlassen, und fünf Sechsjährige sollen eingeschult werden. Sie warten geduldig vor der Kirche, denn die drei Konfirmanden – Klara, Anna und Ludwig – werden ihre Griffel den angehenden Erstklässlern schenken, sobald sie nach dem Gottesdienst aus der Kirche kommen.

Anna und Klara haben den Heidelberger Katechismus gut gelernt, außerdem kennen sie Psalmen und Bibelverse; auch viele Lieder aus dem Kirchengesangbuch können sie aus dem Kopf hersagen. Sie brauchen sich keine Sorgen zu machen, am Ende die „Prüfung" nicht zu bestehen. So viel hat Anna gelernt: Bald nach ihrer Geburt wurde sie getauft und damit in die Gemeinde der Christen aufgenommen. Damals haben ihre Eltern und ihre Patin für sie entschieden, dass sie dem evangelisch-christlichen Glauben gemäß leben würde. Bei der Konfirmation nun soll Anna diese Entscheidung annehmen und bestätigen. Sie wird heute also zusammen mit Klara und Ludwig eine Frage gestellt bekommen und mit „ja" antworten. Dann hat sie die Taufe von damals angenommen, und alles ist in Ordnung.

Wie Anna sich Gott vorstellt? Nun ja, er ist wie ein Vater, wie ihr Vater vielleicht. Ihr Vater war gut zu ihr. Er war nicht so streng wie die Mutter. Und er war viel fröhlicher. So ist Gott vielleicht auch. Aber irgendwie muss er auch sehr streng sein. Denn er kann Sünde nicht vertragen. Die muss er unnachsichtig bestrafen. Weil das aber für Menschen sowieso nicht zu schaffen ist, ohne Sünde zu leben, hat Gott ein für alle Mal seinen Sohn Mensch werden lassen. Den hat Gott dann bestraft – für die Menschen. Deswegen brauchen auch die Menschen nicht mehr bestraft zu werden.

Das hat Anna alles begriffen. Aber sie weiß auch, dass ihre Mutter etwas anders darüber denkt. Ihre Mutter sagt: „Tue recht und scheue niemand." Und ihre Mutter achtet auf Rechtschaffenheit. Sie achtet auf untadeligen Lebenswandel, sie lässt sich nichts zuschulden kommen, redet wenig, arbeitet wie ein Ackergaul, borgt niemals etwas aus. Und darauf ist sie stolz. Anna weiß das. „Wenn alle so wären wie meine Mutter, dann hätte Gott seinen Sohn nicht bestrafen müssen." Aber der Gedanke, dass alle so wären wie die Mutter, der macht Anna Angst.

Anna weiß, dass man zu Gott beten kann. Das Vaterunser zum Beispiel. Aber wozu? denkt sie oft. Er kennt dieses Gebet doch, wozu also soll ich es ihm immer noch einmal vorsagen?

Nach der „Prüfung" beginnt der Pfarrer zu predigen. Der Pfarrer ist ein weichherziger Mann, der aber mit eintöniger Stimme redet, sodass es schwierig ist, ihm längere Zeit zuzuhören, ohne einzunicken.

Anna lauscht der Predigt des Pfarrers mit andächtigem Gesicht, aber ihre Gedanken sind weit weg. Sie denkt an Johannes. Der ist gerade in Berlin als Soldat. Dort dürfen nur solche Soldaten hin, die besonders lang gewachsen sind. Und Johannes ist so einer. Irgendwie hat er ihr schon immer gefallen. Johannes hat braune Haare und hellblaue Augen. Das sieht gut aus. Der Johannes, ja, der könnte ihr gefallen. Aber der hat mehr Interesse an Klara. Klara ist ja auch die Tochter des Försters, und sie ist nichts weiter als das Kind eines Tagelöhners. Sie hat keine Mitgift. Kein Mann wird sich um sie bemühen. Allenfalls ein Tagelöhner wird sie haben wollen, so einer wie der schwächliche Ludwig, der ständig hustet und dabei immer Blut ausspuckt. Ein Bauer wie der Johannes, das wäre ein Mann, wie sie ihn sich vorstellt. Aber der fühlt sich wohl eher zu Klara hingezogen. Klara hat es gut. Die wird von einem jungen Mann wie Johannes geliebt.

Plötzlich gibt Klara ihr einen Rippenstoß. Anna fährt aus ihren Gedanken auf. Sie schaut Klara erschrocken an. Es ist Zeit, aufzustehen, zum Altar zu gehen und „ja" zu sagen. Klara nimmt Anna am Arm und zieht sie mit nach vorne.

Dienstantritt

Anna steigt vom Wagen des Schulzen.

Er hat sie mitsamt ihrer Gesindetruhe bei der Mutter abgeholt. Stolz und froh ist Anna auf das Gefährt gestiegen und hocherhobenen Hauptes durch das Dorf gefahren.

Die Mutter hat ihr nachgeschaut, auch sie empfindet diesen Tag als einen Festtag. Einige Male hat der Schulze Anna wieder so merkwürdig angesehen, aber Anna tut so, als hätte sie es nicht bemerkt. Heute hört ihr Kinderleben auf, ab heute ist sie eine junge Erwachsene. Und im Haus des Schulzen wird sie Magd sein; sie, die Tagelöhnerstochter. Sie will für ihr Lebensglück arbeiten und kämpfen, und beginnen will sie damit in dem stattlichen Haus, in dessen Hof das Fuhrwerk gerade eingefahren ist.

Vor der Haustür wartet auf sie ein alter Onkel des Schulzen, der nicht spricht, dafür aber fleißig arbeitet. Er soll im Kopf nicht richtig sein. „Das ist Onkel Frieder, du kennst ihn ja“, sagt der Schulze zu Anna. „Er kann nicht sprechen, aber darum brauchst du keine Angst vor ihm zu haben. Er wird dir im Stall helfen.“

Eine alte Magd kommt auf Anna zu. „Willkommen hier im Haus, Anna“, sagt sie. „Du kannst ab jetzt Lisa zu mir sagen. Früher war ich für dich ja die Tante Lisa. Ich bin für die Küche da. Wenn du mit mir sprichst, dann musst du das laut tun, denn ich höre nicht mehr gut.“

Anna gibt der alten Frau artig die Hand und nickt.

Jetzt begrüßt sie der älteste Sohn des Hauses. Er hat ein schwammiges, rötliches Gesicht und eine breite Lücke zwischen den oberen Schneidezähnen.

Selbstverständlich kennt Anna alle Bewohner des Dorfes und somit auch die des Hofes. Aber heute ist das irgendwie anders. Den etwa fünfundzwanzigjährigen Mann hat sie noch nie so aufmerksam angesehen wie jetzt. Sie weiß, dass er mit einer Bauerntochter aus einem Nachbarort verlobt ist. Im nächsten Jahr soll geheiratet werden. Der Sohn des Schulzen wird dann auf den Hof der jungen Frau ziehen.

Der jüngere Sohn des Schulzen gefällt ihr ganz gut. Er hat mittelblonde Haare und ein schmales Gesicht. Seine Augen sind grau. Er ist schlank und groß, aber nicht so groß wie Johannes. „Er erinnert mich an irgendjemanden, aber an wen?“, denkt Anna, als sie ihn begrüßt.

Die beiden jungen Männer werden Annas Truhe gleich in ihre Kammer tragen. Lisa wird Anna Salz und Brot reichen – als Zeichen, dass sie nun in die Hausgemeinschaft aufgenommen ist.

Im Stall

Anna hat ihren Bereich, den Stall, übernommen. Auf einem dreibeinigen Schemel sitzend, rückt sie von einer Kuh zur anderen. Zwölf Kühe muss Anna melken, das heißt, melken muss sie zurzeit nur acht, denn vier Kühe stehen trocken. Sie ist auch für ein gutes Dutzend Schweine verantwortlich. Die beiden Pferde gehen sie nichts an. Die werden von den Männern versorgt. Anna muss den Mist aus dem Stall schaffen, frisches Stroh aus der Scheune zu holen, die Kühe sauber halten und füttern. Futter holen die Männer. Manchmal, wenn Not am Mann ist, soll Anna mit hinaus auf die Wiesen fahren und Futter holen. Im Sommer wird sie die Tiere am frühen Vormittag auf die Weide treiben und gegen Abend heimholen, um zu melken. Selbstverständlich wird sie auch die Milch zu Butter verarbeiten und Käse machen.

Mit rotem Gesicht kämpft sich Anna von einer Kuh zur anderen. Melken kann sie, das ist gar keine Frage. Ihre Kuh daheim hat Anna auch jeden Tag gemolken und gefüttert. Jetzt hat sie aber die achtfache Arbeit. Und acht Kühe zu melken, das geht ihr in die Arme. Trotzdem will sie sich nichts anmerken lassen. Sie will arbeiten und tüchtig sein, das hat sie sich fest vorgenommen.

Gelegentlich stößt ihr bei der Arbeit das Wurstfett auf, das es reichlich beim Mittagessen – Kraut mit Grieben – gegeben hat. Sie ist das fette Essen nicht gewöhnt. Zu Hause bei ihrer Mutter war immer Schmalhans Küchenmeister. Auch wenn daheim geschlachtet wurde, blieb nicht viel Fett übrig, denn das Schwein selbst war nur mager und mit den beleibten Artgenossen im Stall des Schulzen nicht zu vergleichen. Außerdem – ihre Mutter kochte mehr als fettarm. Anna würde sich an das Fett gewöhnen, das war ein weiterer Vorsatz.

Lisa kommt immer wieder einmal in den Stall und fragt, ob alles in Ordnung ist. Anna bejaht jedes Mal und freut sich, dass Lisa anerkennend nickt und offensichtlich mit ihr zufrieden ist. Heute Abend – so hat Lisa ihr verraten – soll es rote Wurst mit frisch gebackenem Brot geben. Zur Feier des Tages, weil Anna ihren Dienst heute angefangen hat.

Besuch aus der Nachbarschaft

Die Männer sind in den Dorfkrug gegangen. Lisa und Anna haben Brot und Wurst weggeräumt, die Messer abgewischt und die irdenen Trinkbecher ausgespült und zum Trocknen auf die Schüsselbank gestellt. Jetzt ist Feierabend.

Da ruft draußen jemand. Es ist Tante Emma. Tante Emma ist wohl die älteste Magd im Dorf. Sie ist so alt, dass sie selbst nicht mehr so genau weiß, wie viele Jahre sie zählt. Trotzdem arbeitet sie noch flink auf dem benachbarten Hof mit, auf dem sie ein Leben lang verbracht hat und den sie nicht verlassen will. Jedermann im Dorf nennt sie Tante Emma; erstens, weil sie viele Patenkinder hat, und zweitens wegen ihres Alters. Tante Emma nimmt am dörflichen Leben regen Anteil.

So ist es auch erklärlich, dass sie heute Abend zu Besuch kommt. Sie möchte zu gerne wissen, wie es Anna gefällt.

„Das habe ich schon geahnt, dass Tante Emma uns besucht“, kichert Lisa und zwinkert Anna zu. „Sie ist zwar nicht neugierig, aber wissensdurstig. Die will jetzt erfahren, wie du dich am ersten Tag hier eingeführt hast."

Tante Emma kommt unter einem Vorwand. Sie will fragen, ob Lisas Hennen schon brüten. Bei den Hennen auf ihrem Hof sei nämlich dazu noch keinerlei Bereitschaft festzustellen. Dann wendet sie sich aber sofort Anna zu.

Anna mag Tante Emma gern, denn die kennt viele alte Geschichten und Sagen aus der Gegend. Manchmal hat sie Tante Emma bei ihrer Patentante, der Godel, getroffen. Und immer hat ihr Tante Emma dann eine Geschichte oder Sage erzählt. Auch heute würde sie sich gerne etwas von ihr erzählen lassen. Sie wartet also geduldig, bis Tante Emma ihre Fragen gestellt hat. Dann bittet sie: „Willst du uns nicht eine Sage erzählen? Eine von hier? Ich höre dir immer so gerne zu!"

Tante Emma lächelt. Lisa schließt sich an: „Ja, Tante Emma! Erzähle uns von der Burg oben."

Tante Emma wehrt ab. „Ach, ich kann das doch nicht richtig. Außerdem kennt ihr die Sage längst." Das gehört zum Verfahren. Jetzt muss man Tante Emma weiter drängen, denn in Wirklichkeit brennt sie geradezu darauf, eine ihrer Geschichten zu erzählen. Anna und Lisa drängen also, bis Tante Emma beginnt.

„Oben auf unserer Burg lebte vorzeiten der Ritter Reinhard von Dalwigk. Er war um ein Haupt länger als die gewöhnlichen Männer, und er war kriegslustig, tapfer und klug. Um seinen Lebensunterhalt zu verdienen, scheute er auch den offenen Straßenraub nicht. Als er es einmal allzu arg trieb, da zog der hessische Landgraf Ludwig der Friedsame mit einer zahlreichen Mannschaft vor die Burg Reinhards und belagerte sie. Bald waren die Vorräte auf der Burg verzehrt, und Reinhard gab sich verloren. Da rettete ihn die Klugheit seiner Gemahlin Agnes. Sie wollte einen Fußfall vor dem Landgrafen tun und um Gnade für ihren Mann bitten. Also zog sie ihre schönsten Kleider an und erschien so im Lager des Landgrafen vor der Burg. Aber der Landgraf war zornig und schwor, dass alle Bewohner der Burg sterben oder in Gefangenschaft geführt werden sollten. Nur die Edelfrau und ihre Mägde sollten frei abziehen dürfen. Der Landgraf erlaubte außerdem, dass die Frauen ihren kostbarsten Besitz mitnehmen dürften – allerdings nur so viel, wie sie auf dem Rücken tragen konnten. Voller Freude eilte Agnes auf die Burg zurück und gab ihren Dienerinnen ihre kostbarsten Kleider und Schmuckstücke zum Tragen. Sie selbst nahm ihren Ehemann auf den Rücken. So zogen die Frauen zum Burgtor hinaus. Der Landgraf musste von Herzen lachen über diesen sonderbaren Zug. Seine Begleiter meinten, so wäre der Abzug der Frauen aber nicht gemeint gewesen. Doch der Landgraf antwortete: ‚Ich habe der Edelfrau versprochen, dass sie freien Abzug erhält und ihren kostbarsten Besitz mitnehmen darf. Und mein Wort werde ich nicht brechen. Ich wollte, überall im Land wären die Männer der kostbarste Besitz ihrer Frauen anstatt prachtvoller Kleider oder funkelnder Edelsteine.‘“

Lisa sagt: „Danke schön, Tante Emma! Wenn du eine alte Geschichte erzählst, dann ist es, als wäre man dabei.“

Anna denkt: „Ja, so wünsche ich es mir. Wenn ich einen Mann bekomme, dann soll er mein kostbarster Besitz sein.“

Das Recht der ersten Nacht

Ruhe ist eingekehrt auf dem Hof des Schulzen. Anna liegt auf ihrem Lager in der Kammer, auf dem Strohsack, den Lisa ihr am Nachmittag mit frischem Stroh ausgestopft hat. Anna ist müde, aber irgendwie noch so aufgeregt, dass sie wach in ihrem Bett liegt. Der Mond scheint durch das kleine Fenster mit dem Kreuz und beleuchtet spärlich Annas Lagerstatt, den Schemel, auf dem ihre Kleider liegen, und ihre Truhe, die noch ein paar Kleidungsstücke enthält und irgendwann einmal ihre gesamte Aussteuer bergen soll. Dann, wenn sie ihren Lohn erhalten hat und sich etwas kaufen kann.

Anna ist zufrieden mit dem vergangenen Tag. Sie weiß, sie wird an ihrer Arbeit nicht versagen. Sie wird eine tüchtige Magd werden und irgendwann vielleicht auch einen Mann mit ein wenig Landbesitz heiraten können.

Anna kommt ins Träumen. Vielleicht, wenn sie etwas Geld gespart hat und sie einen netten Mann findet, der auch etwas Geld gespart hat, dann kann man vielleicht zusammen nach Amerika gehen. So wie ihr Onkel, der Bruder von Annas Mutter. Dort gibt es, so erzählen die Leute, viel Land.

So einer wie Johannes müsste das sein oder wenigstens so einer wie Jost, der jüngste Sohn des Schulzen. Jetzt fällt ihr auch ein, an wen er sie erinnert: Jost sieht ihrem Vater ähnlich. Dass sie das nicht gleich bemerkt hat! Na klar, das längliche Gesicht, die grauen Augen, die Haarfarbe – so hat ihr Vater ausgesehen.

Ja, der Vater ... Anna träumt oft von ihm und wünscht sich, er wäre noch am Leben. Mit ihm konnte sie immer so gut reden, er war viel verständnisvoller als die strenge Mutter. Ob er stolz auf sie wäre, wenn er sie jetzt sehen könnte als Magd beim Schulzen?

Anna denkt an die alte Sage, die Tante Emma erzählt hat. Es muss schön sein, einen Mann zu haben, ihn von Herzen zu mögen und ihn als kostbarsten Besitz betrachten zu können.

Aber dieser Besitz war auch Last, das hatte die Edelfrau erleben müssen. Schließlich hatte sie ja ihren Mann auf dem Rücken schleppen müssen. Also eine kostbare Last? Anna würde das abwarten. Sie hat das Leben noch vor sich.

Plötzlich hört Anna ein leises Geräusch. Die Tür ihrer Kammer öffnet sich. Vor ihr steht der Schulze im Hemd. Das fahle Mondlicht lässt ihn wie ein Gespenst aussehen. Anna will ihn fragen, ob es ihm nicht gut ist. Aber da sagt er barsch: „Sei still und bleib liegen!“

Anna bekommt Angst. „Schulze, was wollt Ihr?“, fragt sie. Ihre Stimme zittert.

„Das wirst du dir wohl denken können!“

„Nein, Schulze“, sagt Anna.

„Wenn du tust, was ich dir sage, dann geschieht dir nichts“, zischt der Schulze. „Rück zur Seite!“

Anna zittert. Vor ihrem Bett reißt sich der Schulze plötzlich das Hemd vom Leib. Achtlos lässt er es zu Boden fallen. Anna erschrickt. Noch nie hat sie einen nackten Mann gesehen. Und trotzdem weiß sie, was ihr jetzt bevorsteht. Sie ist auf dem Land aufgewachsen und hat oft genug zugesehen, wie das bei den Tieren war. Das würde jetzt also ihr geschehen. Anna zittert immer mehr.

Der Schulze ist plötzlich über ihr, findet den Weg zwischen ihre Schenkel. Ein stechender Schmerz bringt Anna zum Schreien. Er schlägt ihr auf den Mund und keucht sie an: „Sei still! Davon ist noch keine gestorben. Du wirst dich dran gewöhnen!“

Anna verbeißt den Schmerz und den Ekel. Es dauert stundenlang, so jedenfalls kommt es ihr vor, bis der schwere Mann über ihr nach heftigem Röcheln wieder still wird. Als er sich zurückzieht, herrscht er sie an: „Und dass du keinem davon sagst! Nicht dem Lehrer und nicht dem Pfarrer. Außerdem würde dir ohnehin keiner glauben. Ich habe dich gedingt, und das hier gehört dazu. Du wirst gut bei mir bezahlt. Und die Jungen haben auch freien Zutritt, dass du das nur weißt. Konrad soll nächstes Jahr heiraten. Ich will nicht, dass er sich mit liederlichen Frauen abgibt. Er soll ein anständiger Kerl bleiben. Du hast für ihn da zu sein. Und für den Kleinen meinetwegen auch!"

Der Schulze erhebt sich und stampft schwerfällig zur Tür. Das Hemd lässt er achtlos liegen. Er schließt die Tür hinter sich. Anna würgt es vor Ekel im Hals. Sie fühlt sich abgrundtief gedemütigt, bodenlos erniedrigt.

Wieder öffnet sich die Tür. „Er holt sein Hemd", denkt Anna und stellt sich schlafend. Sie blinzelt zwischen den Augenlidern hindurch und erkennt Konrad, den älteren Sohn des Schulzen. Sie ist unfähig zu schreien. Der junge Mann streift seine Beinkleider ab und steigt zu ihr in das Bett. „Komm schon", giert er, „das macht Spaß." Anna hält den Atem an. Schnell beschreitet der Sohn den Weg, den der Vater zuvor gebahnt hat. Noch während er seine Lust schweratmend an ihr büßt, öffnet sich die Tür erneut. Während Konrad Annas Bett verlässt, steigt Jost hinein. Zum dritten Mal muss sie sich missbrauchen lassen. Sie kämpft gegen den Schmerz in ihrem Leib an. Schließlich erhebt sich Jost wieder von ihrem Lager. „Irgendwann wird es dir Spaß machen", sagt er. „Wir Männer sind so, wir machen das gerne. Und ihr Frauen mögt es doch auch. Wir zwei werden uns schon verstehen."

Anna begreift nichts von dem, was er sagt. Er verlässt ihre Kammer. Sie steht mühsam auf, ballt das Hemd des Schulzen zusammen und wirft es vor die Kammertür. Dann drückt sie die Tür ins Schloss und sucht den Riegel. Erst jetzt merkt sie, dass es keinen gibt. Ihr wird übel. Sie öffnet das Fenster, hält den Kopf über die Fensterbank und muss alles aus sich rausspucken. Sie legt sich wieder auf ihren Strohsack. Der Mond scheint nicht mehr in ihre Kammer, es ist stockdunkel.

Am Morgen danach

Anna hat in der Nacht nicht geschlafen. Der Ekel hat sie immer wieder ergriffen, hat sie im Hals gewürgt. Bei den ersten Anzeichen der Morgendämmerung ist sie aufgestanden, hat sich ihre Kleider übergeworfen und auf den Weg gemacht. Jeder Schritt tut ihr weh. „Heim!“, denkt sie. „Ich will nach Hause zurück!“ Sie hastet hinauf auf den Bürgel zum Haus der Mutter. Sie klopft an die Tür und das Fenster.

Es dauert einige Zeit, bis sie die Mutter herausgeklopft hat.

„Was willst du hier mitten in der Nacht?“ Mutters Stimme klingt nicht freundlich. Anna beginnt hemmungslos zu schluchzen. „Was ist?“, fragt die Mutter noch einmal ungeduldig. Anna bringt kein Wort heraus.

Die Mutter schlägt ihr ins Gesicht. „Wirst du wohl still sein!“, zischt sie die Tochter an. „Kaum bist du einen Tag in deiner neuen Stellung, da kommst du schon wieder heimgeheult. Ich mache da nicht mit. Lehrjahre sind keine Herrenjahre, merk dir das! Beiß dich durch, das mussten wir alle! Und eines merk dir! Komm ja nicht wieder nach Hause und beschwer dich! Andere wären froh um so eine Stellung.“

Die Mutter schlägt die Türe zu. Anna steht draußen. Sie schreit mehrmals laut auf: „Mutter! Mutter!“ – Aber in der kleinen Kate rührt sich nichts.

Anna lehnt sich wie betäubt in die Tür. Sie schließt die Augen. Wilde, haarige Bestien kommen auf sie zu. Die haben Schlangenköpfe. Anna öffnet die Augen und atmet tief durch. Die Bestien verschwinden.

Anna geht zurück ins Dorf. Und dann schlägt sie den Weg zum Hof des Schulzen ein. Langsam, sehr langsam geht sie über den Hof. Es ist inzwischen hell geworden. Der alte Onkel Frieder kommt ihr entgegen. Er schaut sie fragend an. Da beginnt Anna wieder zu schluchzen. Der alte Mann nimmt das weinende Mädchen in seine Arme und tröstet es.

Alltag

Am Morgen sind der Schulze, seine Söhne, der alte Onkel, die schwerhörige Lisa und die junge Magd in der geräumigen Küche beim Frühstück. Die Männer sind schweigsam. Konrad kann sie nicht anschauen. Anna wundert sich, dass sie alle so tun, als sei nichts gewesen. Lisa plappert fröhlich mit ihr drauflos, Anna kann kaum die passenden Antworten auf alle Fragen finden. Sie hilft Lisa beim Abräumen des Tisches und beim Abwaschen des irdenen Geschirrs. Dann geht sie in den Stall. Die zweite Kuh in der Reihe, Alma, gefällt ihr besonders gut. Alma hat ein freundliches Kuhgesicht. Anna umarmt Alma. „Eine Kuh wie du möchte ich sein“, denkt Anna, und wieder kommen ihr die Tränen. Alma schüttelt den Kopf. Ob sie mit einem solchen Gedanken nicht einverstanden ist? „Du hast Recht, Alma“, sagt Anna zu dem schönen Tier, „ich bin ein Mensch. Es nützt nichts, so etwas zu wünschen. Ich muss mich durchbeißen, hat die Mutter gesagt. Durchbeißen. Ich will es versuchen. Aber ... was ist, wenn sie heute Abend wiederkommen?“

Anna zittert bei dem Gedanken. Und sie weiß: Die werden wiederkommen; wenn nicht gleich heute Abend, dann aber später. Sie umarmt die Kuh noch einmal. „Ich will mich durchbeißen, denn Lehrjahre sind keine Herrenjahre. Ich will mich durchbeißen“, verspricht sie der Kuh mit dem freundlichen Gesicht.

Alpträume

In den Nächten darauf hat Anna einen Traum, der sie immer wieder plagen wird. So oder so ähnlich schreckt er sie mehrmals wöchentlich auf.

In ihrem Traum steht sie mitten auf dem Burghof oben in der Burg. Sie selbst ist dort eingeschlossen und soll dem Hungertod preisgegeben werden. Bei ihr sind drei zottige Bären, die sie mit ihren rauen Tatzen schlagen und im Burghof herumhetzen. Sie versucht in ihrem Traum, irgendwo über die Burgmauer zu steigen, aber jedes Mal, wenn sie die Mauer berührt, verwandeln sich die wuchtigen Mauerquader in ein Heer züngelnder Schlangen, die sie anzischen, sodass sie entsetzt zurückweicht. Da verwandelt sie sich in die Edelfrau. Sie muss irgendwie zum Burgtor hinaus und dort vor dem Landgrafen einen Fußfall tun. Sie kleidet sich besonders sorgfältig, öffnet das Burgtor einen Spalt und schlüpft hinaus. Die drei Bären bleiben zurück. Draußen wartet der Landgraf auf sie. Er hat das Gesicht ihres Vaters.

„Du darfst das Kostbarste mitnehmen, was du hast. Alle anderen Einwohner deiner Burg müssen sterben." Sie läuft zurück in den Burghof. Dort holt sie ihre Goldmünze und umschließt sie fest mit der Hand. Als sie die Burg verlassen will, springen die drei Bären auf ihren Rücken. „Du musst uns retten", verlangen sie. „Sind wir nicht das Kostbarste, was du besitzt?" Anna versucht, die Bestien von sich abzuschütteln, aber – es geht nicht. Mühsam schleppt sie sich bis zum Burgtor und öffnet es. Als der Landgraf auf sie zukommt, gibt sie sich einen Ruck und wirft die Bären ab. Nun muss sie gegen die drei kämpfen, denn alle drei wollen von ihr getragen werden. Bei diesem wilden Kampf verliert sie ihre Goldmünze. Zuletzt kann sie sich befreien und durch das Burgtor entkommen.

Der Landgraf herrscht die Bären an: „Ihr müsst sterben! Ihr habt euer Leben verwirkt. Ihr habt es zu arg getrieben!" Er winkt einem wilden Stier zu, der plötzlich neben ihm steht. Der Stier senkt den Kopf und rennt auf den ersten Bären zu. Er durchbohrt ihn mit den Hörnern und trampelt auf ihm herum. Aber noch bevor der Stier den Bären erreicht hat, ist dieser verwandelt. Er hat jetzt die Gestalt des Schulzen angenommen.

Anna sieht, wie der Schulze von dem wilden Tier zerfleischt und niedergetrampelt wird. Sein Hemd rötet sich von Blut. Anna beobachtet das furchtbare Geschehen und lacht. Ihr Lachen wird so laut, dass sie davon Angst bekommt. Mit einem Schrei wird sie schließlich wach. Ihr Herz klopft zum Zerspringen. Es dauert einige Zeit, bis sie sich beruhigen kann.

Diesen Traum träumt sie jede Woche mindestens einmal. Obwohl sie ihn kennt, verliert er auch nach Jahren nichts von seinem Grauen.

Der andere Traum, der sie plagt, ist ebenso entsetzlich. Hier befiehlt ihr ein Unbekannter, durch einen großen Raum zu gehen, der voller Schlangen ist, die sie alle anzischen. Anna weigert sich, aber es nützt nichts. Als sie endlich losläuft, merkt sie, dass ihr die Schlangen bis zu den Knien reichen. Sie watet mühsam durch den mit allerlei Scheusalen angefüllten Raum. Anna weiß: Sie muss die gegenüberliegende Tür erreichen, dann ist sie gerettet. Aber die Tür kommt ihr nicht näher, wie lange sie sich auch durch die Schlangenleiber vorankämpft. Die rettende Tür wandert immer weiter von ihr weg. Erschöpft sinkt sie zu Boden. In diesem Moment wacht sie auf.

Auch diesen Traum muss sie oft durchleiden. Sie träumt ihn häufig gegen Morgen kurz vor dem Aufstehen.

Buttermachen

Vorsichtig schöpft Anna mit einem breiten Löffel den Rahm ab, die Fettschicht, die sich auf der kühlen Milch abgesetzt hat. Sie gibt ihn in das Butterfass, ein hohes Gefäß mit einem Stampfer. Anna beginnt nun, den Stampfer auf und ab zu bewegen. Plätschernd rinnt der Rahm durch die Löcher des hölzernen Stampfers. Anna gerät ins Schwitzen. Es dauert eine ganze Welle, bis das plätschernde Geräusch dumpfer wird. Jetzt haben sich Fettklümpchen gebildet, die in der Flüssigkeit schwimmen. Anna fischt sie vorsichtig mit einem Löffel heraus und legt sie in eine Schüssel.

Sie hat Glück gehabt. Manchmal will die Butter einfach nicht klumpig werden. Dann muss sie ganz kaltes Wasser ins Butterfass gießen. Das hilft manchmal. Aber heute ist es schnell gegangen. Mit nassen Fingern knetet sie die Butter zu einem länglichen Butterstück, das sie sofort in eiskaltes Wasser gleiten lässt. Wenn das Butterstück richtig fest geworden ist, wird sie es in den kühlen Keller bringen. Die übrig gebliebene Flüssigkeit im Butterfass, die gute Buttermilch, schüttet Anna in einen irdenen Henkeltopf.

Kaum ist sie damit fertig, schaut Konrad zur Tür herein. „Du hast frische Buttermilch?“, fragt er. Anna nickt. Konrad holt sich einen Becher und hält ihn Anna hin.

„Schütt mir ein!“, befiehlt er. Anna gehorcht. Konrad trinkt geräuschvoll. „Meine Mutter hat sich immer etwas Buttermilch auf einen Lappen getropft. Und dann hat sie sich damit das Gesicht abgerieben. Sie hat immer gesagt, das hält die Haut jung und frisch.“

„Ja, das habe ich auch schon gehört“, flüstert Anna. Konrad zwinkert ihr zu. Anna schaut weg.

Die Milch wird kühlgestellt und zum Abendessen getrunken oder unter den Quark gerührt. Ein Teil der Butter wird auf dem Hof des Schulzen verbraucht. Den Rest gibt Lisa nach Kassel auf den Markt und lässt ihn dort verkaufen.

Bei der Godel

Anna geht am Abend zu der Hütte ihrer Patentante; ihrer „Godel", wie die Patin in Nordhessen heißt. Die Godel ist die Witwe eines Tagelöhners und viele Jahre lang in der Gemeinde als Hebamme tätig gewesen. Sie hat eine raue Schale, aber ein warmes Herz.

„Nun Kind?", fragt sie, als Anna unvermittelt in ihre Kate tritt. Anna setzt sich zu ihr.

„Ich muss mich durchbeißen, Godel", beginnt Anna, „das hat die Mutter mir aufgetragen." Plötzlich kommen wieder Tränen.

„Ich will dich nicht fragen, wie es dir in deiner Stellung beim Schulzen gefällt, Kind, das sehe ich deutlich genug." Plötzlich blickt die alte Frau auf. „Ist der Schulze am Ende in deiner Kammer gewesen?"

Anna nickt. „Es gibt keinen Riegel an meiner Tür", schluchzt sie.

„Dieser ... das sieht ihm ähnlich. Gleich am ersten Tag! Und du bist noch ein halbes Kind. Ich hätte es wissen müssen ..."

Anna schluckt. „Nicht nur er."

„Also auch der Konrad?"

„Und der Jost!"

Die Godel schließt das Patenkind fest in die Arme. Sie streicht Anna über das Haar. „So ist das wohl, Kind. Wir armen Leute müssen uns das gefallen lassen. Hat es ... hat es dir sehr wehgetan?"

Anna nickt: „Sehr weh, Godel!"

„Das wird nicht immer so sein, Kind."

„Godel, was soll ich machen? Sie kommen bestimmt wieder."

„Ja, Kind, bestimmt."

„Muss ich beim Schulzen bleiben?"

„Anna, wo willst du sonst hin? Wenn du aus dem Dienst läufst, bekommst du nie wieder eine Stellung. Der Schulze wird dir dein Gesindebuch nicht ausstellen. Schließlich ist er der Bürgermeister unseres Ortes. Wo willst du hin ohne Gesindebuch? Es ist das Beste, wenn du erst mal bleibst."

„Ja, Godel", nickt Anna wieder.

„Etwas kann ich für dich tun", sagt die Patin. „Du weißt, dass es davon Kinder geben kann. Ich gebe dir einen Sud, den trinkst du jede Woche. Dann wirst du nicht gesegneten Leibes werden. Ich kenne die alten Kräuter noch, du weißt es. Der Sud schmeckt bitter, aber er lässt dich nicht empfangen." „Ich danke Euch, Godel", sagt Anna.

Käse für den Markt

„Wir brauchen viel Käse", sagt Lisa am nächsten Morgen. „Der Henner hat gesagt, in Kassel könnte er viel mehr verkaufen. Wir sollen ihm mehr davon mitgeben."

Der Henner hat eine kleine Handkarre, die er dienstags und freitags am Abend mit Käse, Wurst und Eiern belädt, um dann in der darauf folgenden Nacht nach Kassel auf den Markt zu ziehen. Aus jedem Dorf der Umgebung gehen solche Marktbeschicker dorthin. Einen Teil des Erlöses behalten sie ein, das ist ihr Verdienst. Denn sie selbst haben nichts zum Verkaufen.

Hinten auf der Herdplatte, die dort nur noch warm ist und selbst bei starkem Herdfeuer nie richtig heiß wird, hat Lisa alle verfügbaren irdenen Töpfe aufgestellt und mit Milch gefüllt. In den Töpfen, die selbst die Wärme lange halten, wird die Milch in wenigen Tagen dick. Nun gießen Anna und Lisa die geronnene Masse in kleine Leinensäckchen. An der Herdstange hängt eins neben dem anderen. Unten heraus tropft die Molke. Sie wird in flachen Schüsseln aufgefangen und später an die Schweine verfüttert. Die Säckchen mit der Dickmilch darin bleiben ein paar Tage lang am Herd hängen. Jetzt ist die Masse zu Quark geworden, der fast trocken ist. Aus dem Quark formt Lisa kleine, handtellergroße Bällchen, wobei jedes eine Prise Salz zugesetzt bekommt.

Die Quarkbällchen werden auf einem Brett über dem Herd gelagert. Dort müssen sie reifen. Jeden zweiten Tag haben sie sich mit einer schmierigen Schicht überzogen, die immer wieder mit klarem Wasser abgewaschen werden muss. Es riecht in dieser Zeit in der Küche streng nach Handkäse, aber daran ist nichts zu ändern.

Nach etwa zwei Wochen sind die Quarkbällchen in der Wärme über dem Herd „durch“, jetzt haben sie nicht nur die Farbe des Handkäses angenommen: Sie sind durch und durch Handkäse geworden.

Lisa überprüft an einem Käse die Reife. Sie schneidet ihn durch. „Drinnen darf er nicht mehr weiß sein“, sagt sie zu Anna. Aber das weiß Anna sowieso.

Ein Huhn wird geschlachtet

„Kannst du mir nachher ein Huhn schlachten?", fragt Lisa. Anna schluckt. Sie kann ein Huhn schlachten ... Aber gerne tut sie es nicht. „Ich zeige dir, welches heute in den Topf kommt", sagt Lisa. „Wir haben eine Henne, die fängt schon an zu krähen. Sie muss weg. Ich habe am Misthaufen den kleinen Hauklotz aufgestellt – und das Beilchen liegt auch schon dort."

Lisa läuft zum Obstgarten, in dem sich das Federvieh tummelt.

„Wie willst du das Huhn im Obstgarten denn kriegen, Lisa?", wundert sich Anna. „Wir haben Hühner immer abends gefangen, wenn sie schon auf der Schlafstange saßen."

„Dafür habe ich das hier mitgebracht", kichert Lisa. Sie hat ein Gerät, das wie eine kleine Peitsche aussieht, an deren Schnur am Ende ein Stein angeknotet ist. Lisa sucht ihr Opfer, eine bejahrte Henne, und schleicht arglistig in ihre Nähe. Sie schwingt die Peitsche und schlägt dann dicht über dem Boden in Richtung des Opfers. Der Stein an der Schnur wickelt sich um die Beine des Huhnes und fesselt sie. Die Henne zetert erschrocken, kann aber nicht entkommen.

Anna greift das Tier und nimmt es mit zum Misthaufen. Sie weiß, dass Lisa sie genau beobachtet. Also greift sie – wie selbstverständlich – mit der Linken das Huhn bei beiden Flügeln, legt seinen Hals auf den Block, greift mit der Rechten das Beil, holt aus und trennt mit kräftigem Schlag den Kopf vom Rumpf. Das Huhn beginnt zu zappeln und wild mit den Flügeln zu schlagen. Anna hat Sorge, dass ihr Rock mit Blut bespritzt wird, und lässt los.

„Nicht loslassen!“, schreit Lisa, aber es ist zu spät. Das Huhn ohne Kopf läuft stolpernd, sich überschlagend und Blut vertropfend über den Hof, stößt an eine Wand, rappelt sich auf, beginnt zu flattern und stürzt dann zu Boden, wo es noch ein wenig zappelt und dann still wird.

Lisa lacht. „Du musst das Huhn immer gut festhalten! Dann versaut es dir nicht den Hof mit Blut. Du kannst es jetzt rupfen, ich mache derweil den Hof wieder sauber.“

Erst jetzt bemerkt Anna, dass Jost belustigt zugesehen hat. Er hebt das inzwischen verblutete Huhn auf und gibt es Anna. „Weißt du eigentlich, warum ein Huhn ‚dummes‘ Huhn genannt wird?“

„Na ja, weil ...“

„Weil es einfach zu dumm ist mit einem gebratenen Huhn. Für einen ist es zu viel, für zwei ist es zu wenig zum Essen.“

Anna lächelt. „Das hier wird überhaupt nicht gebraten. Dazu ist es zu alt und zu zäh.“

„Aber trotzdem hatte es noch viel Leben in sich. Das hast du doch gemerkt, als du es losgelassen hast.“

Anna ärgert sich, dass ihr das passiert ist. Mit rotem Kopf stellt sie sich zum Misthaufen und beginnt, das Huhn zu rupfen. Beim Rupfen denkt Anna: „Tagsüber sind sie anders als in der Nacht. Am Tag lachen sie und sprechen ganz normal, der Konrad und auch der Jost. Aber in der Nacht, da verwandeln sie sich. Da sind sie wild, wie Tiere. Das ist der Unterschied zwischen Tag und Nacht.“

Lisa schreckt sie aus ihren Gedanken auf. Sie ruft: „Wenn du fertig bist, kannst du es gleich ausnehmen.“

Anna geht in die Küche und brüht das Huhn kurz ab. Nun rupft sie die restlichen kleinen Federn, die sich zuerst nicht ausziehen lassen wollten. Dann holt sie sich zwei Teller und schlitzt dem Huhn den Bauch auf. Vorsichtig bohrt sie sich mit dem rechten Zeige- und Mittelfinger in das Gedärm und holt es heraus. Sie legt es auf einen Teller. Dann zieht sie am Magen, an dem die Speiseröhre hängt. Sie muss kräftig reißen, bis sie Magen und Speiseröhre in der Hand hält. Mit einem Ruck trennt sie die Speiseröhre vom Magen. Der Magen wandert auf den anderen Teller, die Speiseröhre zu den Därmen. Ach ja, die Leber! Sie holt sie heraus. Vorsichtig trennt sie die Gallenblase ab. Die darf nicht platzen, denn dann macht die grüne Gallenflüssigkeit die Leber ungenießbar. Die Leber legt sie auf den Teller mit den Innereien. Und nun muss sie das Zwerchfell durchstechen, um Herz und Lunge entfernen zu können. Jetzt muss sie noch nachsehen, ob noch ungelegte Eier da sind, die sie retten kann. Aber diese Henne ist offensichtlich so hochbetagt, dass keine Eier mehr zu finden sind. Sie hat zweifellos schon lange keine Eier mehr gelegt. Lisa wird das Huhn bestimmt fünf Stunden lang kochen müssen, um es weich zu bekommen.

Lisa tritt ein. „Du bist ja schon fertig“, sagt sie anerkennend. „Hast du den Magen schon leergemacht?“

„So weit bin ich noch nicht“, sagt Anna eifrig, „aber gleich mache ich das noch.“ Sie schneidet den prallgefüllten Magen auf und stülpt das Innere nach außen. Steinchen und halbverdautes Grünzeug finden sich darin. Es stinkt in der Küche. Anna schüttet Wasser in eine Schüssel und bürstet den Magen unter Wasser auf der Innenseite kräftig aus.

Lisa hackt nun dem Huhn die Füße ab, legt es, nachdem sie es gewaschen hat, in einen großen Topf, gießt reichlich Wasser darüber, legt die Innereien dazu, salzt die Brühe und setzt alles auf den Herd.

„Jetzt brauchen wir ordentlich Feuer unterm Topf“, sagt Lisa. „Bis heute Abend ist das Huhn gar.“

„Wie merkt man eigentlich, dass ein Huhn weich gekocht ist?“

„Ganz einfach! Du nimmst die beiden Schenkel und drehst sie nach außen. Wenn sie sich ablösen lassen, ist das Hühnerfleisch weich.“

Als das Huhn auf dem Herd steht, ruft Jost nach Anna. Sie soll ihm in der Scheune Heu abnehmen helfen. Anna steigt die Leiter hinauf. Oben zieht Jost sie an sich. „Komm!“, sagt er und versucht, sie zu streicheln.

Anna wehrt sich. Sie schreit.

„Was soll denn das?“, fragt Jost und lacht. „Es ist niemand im Haus außer Lisa. Und die hört nichts.“

Da wehrt sich Anna nicht mehr. „Es ist doch kein Unterschied“, denkt sie. „Am Tag sind sie genauso wie in der Nacht.“

Brotbacken

„Das Brot geht zur Neige, Anna“, sagt Lisa. Anna weiß, dass Brot gebacken werden muss. Sie hatte sich angewöhnt, meist zu nicken, weil Lisa sie wegen ihrer Taubheit ohnehin nur schlecht verstehen kann und ein Gespräch mit ihr schwierig ist.

Zum Glück verfügt der Hof über einen eigenen Backofen, sodass nicht gewartet werden muss, bis das öffentliche Backhaus frei ist. Die verstorbene Bäuerin hatte auf einem eigenen Backofen bestanden. Er steht hinter der Scheune beim Holzschuppen. Im Schuppen werden auch die Reisigbündel aufbewahrt, die man beim Heizen des Backofens braucht. Die ausgeschnittenen Reiser der Obstbäume, die

Zweige der gefällten Bäume – sie alle werden zu handlichen Bündelchen geschnürt und im Holzschuppen gestapelt, wo sie trocknen können. Bis sie dann im Backofen landen, sind sie rappeldürr.

Am Abend vor dem Backen wird angesäuert. Lisa hat einen Steinguttopf mit etwas Sauerteig im Vorratskeller aufbewahrt; das ist der „Hefeling“. Sie gibt Mehl in den großen Backtrog, drückt in die Mitte mit der Hand eine Mulde, gießt handwarmes Wasser dazu, streut eine Hand voll Salz hinein und verrührt alles ein wenig. Dann legt sie den Hefeling hinein und knetet ihn unter. Über Nacht soll der Teig kräftig „gehen“.

Am nächsten Morgen heizen die beiden den Backofen an. Dort, wo später die Brote liegen werden, schichtet Anna alles voller Reisigbündel, die sie in Brand setzt. Während sich der Backofen erhitzt, muss das Brot geknetet werden. Anna und Lisa reißen vom Teig Stücke ab und kneten sie kräftig durch. Dann formen sie runde Brote daraus. Damit das Brot auf der Tischplatte nicht anklebt, muss immer wieder Mehl gestreut werden. Die fertig geformten Brote legen sie nebeneinander auf ein Brett. Die müssen noch einmal „gehen“.

Jetzt holt Anna die Asche aus dem Ofen und kehrt die Steinplatte, auf der die Brote liegen sollen, mit einem Strohwisch sauber. Sie fegt die noch verbliebene Asche einfach in zwei Rinnen rechts und links der Steinplatte. Mit dem „Backschießer“, einem hölzernen Gerät, das an einen überlangen Spaten erinnert, werden die Brote in dem heißen Backofen an den richtigen Platz gebracht.

Während die etwa zwanzig Brote backen, bereiten die beiden aus einem Teigrest den leckeren Speck- und Zwiebelkuchen. Dabei wird der Teig ganz dünn auf einem Backblech ausgewalzt, dick mit Speckwürfeln und Zwiebelringen belegt und mit etwas Rahm beträufelt. Auch ein wenig rote Wurst darf nicht fehlen. Dann kratzt Anna den Backtrog aus und macht aus den Teigresten einen Kratzkuchen, einen dünnen Fladen, der mit Wurstscheiben, mit Speck, aber manchmal auch mit Apfelstücken oder mit Zwetschen belegt werden kann. Zwischendurch schauen die beiden immer wieder nach; schließlich sollen die Brote nicht verbrennen.

Sind die Brote durchgebacken, werden sie mit Wasser bestrichen. Dann glänzen sie schön. Die Restwärme des Backofens reicht noch für den Zwiebelkuchen und den Kratzkuchen.

„Da muss ich dir was Schreckliches erzählen", sagt Lisa. „Das ist mit unserem Backofen daheim passiert. Der Schuster von meinem Heimatdorf ist einmal im Winter zum Fischen gewesen. Dabei ist er in den Teich gefallen. Das war natürlich schrecklich kalt. Auf dem Weg nach Hause ist er am Backofen vorbeigekommen. Er hat gemerkt, dass der noch herrlich warm war. Und weil er so jämmerlich fror, hat er wohl gedacht: ‚Ich krieche in den Backofen und wärme mich richtig durch.' "

„Eine gute Idee!", lacht Anna.

„Nein, Kind", entgegnet Lisa ernst, „er ist von der Wärme eingeschlafen. So hat er wohl nicht gemerkt, dass der Ofen noch heißer war, als er gedacht hatte. Seine Frau suchte ihn, fand ihn aber nirgends. Am nächsten Tag erst haben sie ihn dann halb gebraten im Backofen gefunden. Du kannst dir denken, was das für ein Schreck im Dorf war."

„Stimmt das wirklich, Lisa?"

„Freilich, ich war damals ein kleines Mädchen."

„Wie schrecklich! Ich hätte nie ein Brot essen wollen, das später in diesem Ofen gebacken wurde."

„Ach Unsinn! Meine Heimatgemeinde ist arm. Es gab kein Geld für einen anderen Backofen. Warum auch? Wir haben ihn gut ausgescheuert und dann innen ein starkes Feuer gemacht. Danach konnten wir wieder Brot backen."

Anna würgt es im Hals. „Aber dass Fleisch darin backen kann ..."

„Na, wenn wir ein Spanferkel oder ein Ziegenlämmchen braten oder einen großen Festtagsbraten machen, dann machen wir das doch auch alles im Backofen!"

Der Duft des frischen Brotes erfüllt die ganze Umgebung. Die fertigen Brote werden in der Vorratskammer kühl gelagert. Heute Abend gibt es Speck- und Zwiebelkuchen für alle. Und den Kratzkuchen gibt es obendrauf.

Das Silberstück

Anna sitzt in ihrer Kammer und betrachtet eine Silbermünze. Es ist eine alte Münze, die nicht mehr gilt. Aber dennoch ist sie sehr wertvoll. Sie gehört ihr.

In der vergangenen Nacht hat sie wieder Besuch gehabt. Konrad, der ältere Sohn des Schulzen, stand plötzlich in ihrer Kammer. Richtig verlegen hat er sie angelächelt. Sein dickes rötliches Gesicht hat im blassen Mondlicht wie ein Spuk ausgesehen, trotzdem hat sie die breite Zahnlücke deutlich erkennen können. „Du weißt schon, was ich will, Anna", hatte Konrad geflüstert. „Du sollst mir wieder einen Gefallen tun. Komm, es soll dir auch Spaß machen."

„Geh weg", hat Anna geantwortet, aber da hat Konrad

gelächelt und ihr eine Silbermünze gezeigt. „Die ist für dich", hat er gelockt.

„Für mich? Woher hast du das Geld?"

„Das ist meine Sache."

Anna hat die Münze angesehen. „Ist das wirklich dein eigenes Geld, Konrad?"

„Sonst hätte ich es doch wohl nicht."

Anna hat immer wieder die Münze anschauen müssen.

„Du bekommst das Geldstück, dafür komme ich zu dir ins Bett. Ist das ein guter Handel?"

Etwas in Annas Kopf hat sie gewarnt. Sie hörte Stimmen, die auf sie eindrangen. „Tue es nicht! Du bist doch keine Hure! Nur Huren nehmen Geld von Männern." – „Diese Kerle demütigen und erniedrigen dich unentwegt. Du weißt nicht, wie du das Geld noch brauchen kannst. Sei nicht dumm und nimm es!"

Anna überlegte. Ihm zu Willen sein, das musste sie sowieso. Er würde sich mit Gewalt nehmen, was sie ihm verweigerte. Deshalb – so denkt sie – soll er gleich haben, was er will. Ich bekomme auf diese Weise wenigstens auch etwas.

Anna hat das Silberstück genommen.

Am nächsten Morgen hat Anna das Silberstück zu dem Goldstück in ihre Truhe gelegt.

Im Heu

Seit dem frühsten Morgen sind der Schulze, seine Söhne, Onkel Frieder und einige Tagelöhner auf den Wiesen. Die Heumahd hat begonnen.

Alle mähen kräftig in weiten Bögen mit der Sense. Vorneweg Onkel Frieder. Als er eine Schneise von etwa fünf Metern Länge in der Breite seines Sensenschwunges gemäht hat, beginnt der Schulze, neben ihm die Schneise zu verbreitern; als beide sich ein Stück nach vorne gearbeitet haben, mäht ein Dritter die nächste Schneise. Und so setzt sich das fort über die Breite der Wiese. Jeder arbeitet ein Stück vor oder hinter dem anderen, sodass niemand dem anderen ins Gehege kommt und womöglich durch die Sense verletzt werden kann.

Nach Sonnenaufgang kommen Lisa und Anna mit einigen Tagelöhnerinnen, die hölzernen Harken auf den Schultern. Lisa hat sie am Tag zuvor alle in Zuber mit Wasser gestellt, in denen sie über Nacht bleiben mussten. „Das musst du dir merken, Anna“, hat Lisa gesagt. „Bevor du die Harken gebrauchst, musst du sie über Nacht in Wasser tun. Dann wird das trockene Holz wieder biegsam, und es bricht kein Zinken aus.“

Die Frauen machen sich daran, das in Schwaden aufeinander liegende Gras auseinander zu rechen und aufzulockern. Nur so kann es gut trocknen. Zwischendurch läuft Lisa nach Hause und holt Brot, Wurst und Malzkaffee zum Frühstück. Den Älteren ist auch ein Schluck aus der Schnapsflasche erlaubt.

„Das ist für die Gesundheit“, sagt Lisa augenzwinkernd, als Anna sie fragend anblickt. „Wir Alten erkälten uns schneller als ihr Jungen“, kichert sie, „deswegen brauchen wir einen Schluck Schnaps. Ihr Jungen seid sowieso gesund." Und Lisa nimmt noch einen, damit sie sich auch ganz bestimmt nicht erkältet.

Am Nachmittag wird noch eine zweite Wiese gemäht. Es geht nun nicht mehr so flink wie am Vormittag, die Sensenschwünge der mähenden Männer werden kleiner und die Ruhepausen länger. Anna hat Muskelkater in den Armen, obwohl sie diese Arbeit jedes Jahr machen muss und eigentlich gewöhnt sein sollte.

Nach zwei Tagen wird das Heu gewendet, damit es völlig trocknet. Leider gibt es zwischendurch ein Gewitter, und das schon trockene Heu wird wieder nass. Das bedeutet zusätzliche Arbeit, denn das Heu muss noch einmal gewendet und aufgelockert werden.

Schließlich ist die Zeit der Einfahrt gekommen. Dazu rechen die Frauen das Heu zu großen Haufen zusammen, anschließend geben sie es mit den dreizinkigen Heugabeln auf den Leiterwagen, wo die Männer es festtreten. Einen Heuwagen zu beladen, ist eine Kunst; denn leicht kann die Ladung auf dem Heimweg verrutschen und herunterfallen.

Am Abend wird das Heu vom Wagen aus gleich in das Gebälk gereicht und dort verstaut.

Nach und nach werden alle Wiesen geheut, die Gefächer der Scheune füllen sich mit dem duftenden Futter.

Fast zwei Wochen hat die Heuernte gedauert. In dieser Zeit schwerster körperlicher Arbeit bekommt Anna keinen nächtlichen Besuch. Der Schulze, der regelmäßig jede Woche in ihre Kammer kommt, um sich bei ihr wortlos das zu holen, was ihm als dem Dienstherren zusteht, hat ihr keinen Besuch abgestattet. Auch Konrad und Jost haben sie in Ruhe gelassen. Die große Anstrengung während der

Heuernte kommt ihr zugute. Aber sie hat Angst, dass die Männer alles nachholen werden.

Große Wäsche

Die Heuernte ist vorbei. Alle Wiesen sind leer. Auch die Wiese am Bach hinter dem Gehöft ist kahl.

„Jetzt können wir waschen", sagt Lisa zu Anna. Anna seufzt. Sie weiß, dass „große Wäsche" eine Woche lang harte zusätzliche Arbeit bedeutet. Andererseits – einmal im Jahr muss große Wäsche sein, das ist unvermeidlich. Jeder im Haus besitzt zweiundfünfzig Leinenhemden, für jede Woche eines. Männer- und Frauenhemden unterscheiden sich nur wenig voneinander. Damit man nach dem Waschen weiß, wem welches Hemd gehört, sind Monogramme eingestickt. Die weißen Hemden werden auf der Haut getragen, immer von Samstag zu Samstag. Die Frauen tragen keine Schlüpfer, ebenso wenig wie die Männer Unterhosen tragen. Die Hemden der Männer sind so lang, dass sie um die Oberschenkel geschlungen werden können. Wozu also noch Unterhosen? Die Hemden werden nachts nicht ausgezogen, sie werden wirklich eine Woche lang auf der Haut getragen. Danach kommen sie in die Wäschekammer. Bis zum nächsten Sommer warten die Wäschestücke hier in verschiedenen Truhen auf die große Wäsche.

„Mach du nur den Kessel in der Waschküche gut sauber. Ich hole die Hemden und die Bettwäsche und die Tischtücher herunter. Genug Buchenholzasche habe ich gesammelt."

Anna räumt alle entbehrlichen Gegenstände aus der

Waschküche, die ja auch als Wurstküche dient, wenn geschlachtet wird. Anna hat ihre gebrauchten Hemden bei ihrem Einzug auf den Hof mitgebracht. Die holt sie jetzt und wirft sie auf den großen Wäscheberg, der immer noch wächst, weil Lisa aus allen Ecken noch Wäschestücke zusammensucht.

Anna füllt den Kessel zu drei Vierteln mit Wasser. Die richtige Waschbrühe herzustellen – das ist eine Kunst, die Lisa gut beherrscht. Dazu hat sie einige Zeit lang Buchenholzasche gesammelt; helle Asche. Wobei sie genau darauf achtet, dass kein einziges Stück halbverkohltes, schwarzes Holz darunter ist. Lisa gibt einen Eimer voll mit dieser Asche in den Kessel.

„Na, ich schätze, die ganze Woche gibt es nichts Warmes zu essen", lässt sich Jost an der Türe vernehmen. „Wenn die Weibsleute große Wäsche haben, bleibt der Herd in der Küche kalt."

„Häh?", kreischt Lisa zurück.

„Bei großer Wäsche bleibt die Küche kalt!", schreit Jost Lisa an. „Dafür ist es doppelt heiß in der Waschküche", schreit Lisa zurück. „Mach dich fort, du Nichtsnutz! Hast du nichts zu tun, als uns bei der Arbeit zu stören?"

„Ich gehe ja schon", lacht Jost. „Wenn es nichts Warmes gibt, dann kriege ich aber eine rote Wurst extra, Lisa", ruft er noch.

„Extra kannst du gleich von mir ein paar auf den Hosenboden kriegen", keift Lisa lachend und spritzt Waschlauge in Richtung Tür, wo Jost steht. Jost ist schnell verschwunden.

„Hier könnte es so schön, so lustig sein", denkt Anna. „Hier könnte es mir gut gefallen, wenn nur ..." – ja wenn die Besuche der Männer in ihrer Kammer niemals gewesen wären.

Lisa hat inzwischen die Asche untergerührt. Die Brühe sieht nun hellgrau aus. Jetzt gibt sie drei Tassen mit hellem, ungesalzenem Schweineschmalz dazu. Die Schmalzstücke schwimmen auf der Brühe.

„Jetzt brauchen wir Feuer unter dem Kessel", sagt Lisa.

Anna holt etwas Glut aus dem Herd in der Küche und gibt sie in das Feuerloch unter dem Kessel. Sofort legt Lisa Holz darauf. Das Feuer lodert auf. Allmählich erwärmt sich das Wasser im Kessel, die Schweineschmalzklumpen schwimmen nun als Fettaugen auf der Waschbrühe. Lisa rührt mit einem großen Holzlöffel kräftig in der Brühe herum. Nach einiger Zeit sind die Fettaugen verschwunden. Sie haben sich mit der Buchenholzasche verbunden. Die graue Brühe schäumt beim Rühren.

„Die Brühe ist gut, Anna!", ruft Lisa. „Wir können jetzt einweichen."

Ein Teil der Wäsche wird in die handwarme Brühe gesteckt. Der Kessel ist inzwischen randvoll mit Wäsche.

„Für heute ist die Arbeit getan", freut sich Lisa. „Über Nacht lassen wir die Wäsche weichen. Morgen früh geht es dann richtig los."

Am nächsten Morgen um fünf Uhr ist Lisa schon auf den Beinen. Sie klopft an Annas Tür. „Anna, mach Feuer im Kessel, ich mache uns derweil Frühstück."

Anna schlüpft in ihre Kleider und hastet in die Waschküche. Als das Feuer unter dem Kessel bullert, geht sie in die Küche. Sie isst einen Kanten Brot und trinkt dazu etwas Malzkaffee.

„Du kannst die Wäsche gleich schon stampfen", sagt Lisa. Anna will aufspringen. „Erst musst du noch etwas essen, Kind!", befiehlt Lisa. „Nimm Quark und Zwetschenmus!"

„Zwei Aufstriche? Der Schulze sagt doch immer, dass er das nicht erlaubt. Er hätte schließlich keine zwei Höfe, deswegen dürfen wir auch nicht zwei verschiedene Aufstriche haben."

„Ach was, Anna! Heute gibt es einen strammen Tag", winkt Lisa ab. „Wer viel arbeitet, der muss auch gut essen."

Anna schlingt gierig eine Quarkschnitte mit Zwetschenmus herunter. Sie hat Angst, dass der Schulze sie erwischen könnte.

Nach gut einer Stunde kocht die Waschbrühe mit den Hemden darin. Jetzt stampft Anna die Wäsche, das heißt, sie bewegt sie eigentlich mit einem Holzlöffel.

Die Wäsche kocht bis zum Mittag. Nach und nach füllt sich das ganze Gehöft mit dem Dampf der Waschbrühe, der die Augen zum Tränen bringt. Nun lassen die beiden Frauen das Feuer ausgehen. Sie fischen die einzelnen Hemden aus der Waschbrühe und lassen sie in einen Waschzuber gleiten. Darin steht das hölzerne geriefte Waschbrett. Sobald die Wäschestücke so weit abgekühlt sind, dass man sie anfassen kann, werden sie auf dem Waschbrett auf und ab gerubbelt, Dann müssen die Hemden – jedes für sich – genau nachgesehen werden. Vielleicht gibt es hier und da noch irgendwelche Flecken.

Es dauert Stunden, bis alle Hemden sauber sind. Die Hemden sehen nun kräftig grau aus. Auch nach dem Auswaschen sind sie nicht viel heller.

„Wir bringen sie gleich auf die Bleiche", schlägt Lisa vor. „Einige Stunden Sonnenschein tut ihnen noch gut."

In einem Wäschekorb schleppen die beiden die nassen und deswegen sehr schweren Hemden auf die Wiese am Bach. Hier breiten sie die Wäsche aus. Mit einem Eimer schöpfen sie Wasser aus dem klaren Bach und bespritzen damit die grauen Hemden.

„Wenn die Sonne mitmacht, Anna, dann sind die bald wieder weiß."

Zurück in der Waschküche weichen die beiden wieder viele Hemden ein. Die kommen morgen an die Reihe. Zwischen durch läuft Anna wieder zur Bleiche, um die Hemden neu anzufeuchten. Abends holen sie die Hemden von der Bleiche heim.

„Lass nie ein Hemd über Nacht draußen, Anna!", warnt Lisa.

„Warum nicht?", wundert sich Anna.

„Weil dann der, dem das Hemd gehört, im nächsten Jahr sterben muss. Meine Mutter hat so etwas mal erlebt ..."

Und nun folgt eine Geschichte, die so schrecklich ist, dass Anna nie wieder ein Hemd über Nacht auf der Bleiche liegen lassen wird.

Die nächsten Tage sind noch härter. Zwischendurch muss Anna immer wieder nach draußen laufen, um die bleichenden Hemden mit Wasser zu übergießen. Am Freitag waschen die Frauen ihre Unterröcke, ihre Schürzen, Schultertücher und ganz zuletzt die Strümpfe. Die Strümpfe werden nicht ausgespült, damit sie schön weich bleiben und nicht verfilzen.

Am Sonnabend liegen alle Wäschestücke sauber und glatt gestrichen in Kästen und Truhen. Mit dem Eisen geplättet werden nur die Tischtücher und die Tagesdecken für die Betten.

„Was hätten wir bloß gemacht, wenn es in dieser Woche geregnet hätte, Lisa?", fragt Anna am Samstag.

„Ein Glück, dass Sonnenschein war. Wir hätten die Wäsche sonst auf dem Speicher trocknen müssen. Und dann hätten wir warten müssen, bis es schönes Wetter gegeben hätte. Dann hätten wir draußen mit dem Bleichen anfangen müssen. Aber das wäre schlecht gewesen, weil ja das Gras schon wieder ein Stück gewachsen wäre."

Gänse rupfen

„Ich bin vorhin bei den Gänsen gewesen", beginnt Lisa. „Es wird Zeit, dass wir ihnen die Federn rupfen. Hast du das schon einmal gemacht?"

„Nein, Lisa! Wir hatten zu Hause doch keine Gänse."

„Ja, aber ...", wundert sich Lisa, „womit habt ihr denn eure Kissen und Bettdecken gestopft?"

„Wir haben Hühnerfedern drin."

„Hühnerfedern? Bei jungen Leuten mag das angehen, aber bei alten? Da ist das nichts."

„Warum nicht, Lisa?"

„Ach, weißt du, auf Hühnerfedern stirbt es sich schwer."

„Es stirbt sich schwer?"

„Ja, wer auf Hühnerfedern liegt und zum Sterben kommt, der hat es nicht leicht. Er muss lange kämpfen, bis er es endlich geschafft hat. Ich möchte um keinen Preis Hühnerfedern in meinem Bett haben. Hier im Haus sind – gottlob! – alle Bettdecken mit Gänsefedern gefüllt."

„Brauchen wir denn überhaupt Federn, Lisa?"

„Wir, Anna? Wir nicht, aber du! Ich habe gedacht, wir fangen an, dir eine Gänsefederdecke zu stopfen. Wenn du dann heiratest, hast du schon eine schöne Bettdecke."

„Ach, Lisa!" Anna umarmt die alte Magd. „Du bist so gut zu mir. Hat denn der Schulze nichts dagegen?"

„Der Schulze? Was wir hier machen, ist Frauensache. Darum hat er sich noch nie gekümmert. Aber jetzt bring Kordel und Schere! Ein altes Pfühl habe ich bereits mitgebracht. Darin wollen wir die Federn sammeln und trocknen. Ach ja, bring auch gleich ein Küchenmesser mit!"

„Willst du am Ende eine Gans schlachten, Lisa?"

„Unsinn!"

Unter den Obstbäumen hinten im Garten tummelt sich das Federvieh. „Jetzt fange eine Gans, Anna!", befiehlt Lisa. „Du musst sie mit beiden Händen gleich unter dem Schnabel am Hals fassen, dann kann sie dich nicht beißen."

Anna jagt hinter einer Gans her. Sie greift das Tier oben am Hals. Die Gans schreit zornig, schlägt mit den Flügeln, will weglaufen.

„Bring sie her zu mir!", ruft Lisa, die sich auf einem Schemel niedergelassen hat. Mit ein paar schnellen Griffen hat sie dem sich heftig wehrenden Tier den Schnabel zugebunden. „Siehst du? Nun kann sie nicht mehr beißen", lacht Lisa. „Und jetzt fesseln wir ihre Füße."

Lisa klemmt die Gans zwischen die Knie, während Anna die Gänsefüße zusammenschnürt. „Gut, Anna! Nun schau her, wie es geht!"

Lisa nimmt das hilflose Tier auf den Schoß, klemmt die gefesselten Füße zwischen die Knie und dreht den Hals der Gans nach hinten, sodass sie den Kopf unter die Achselhöhle stecken kann. Jetzt liegt die Brust der Gans zum Rupfen bereit. Lisa zupft der Gans die Federn einzeln aus und reicht sie Anna, die sie in das Inlett steckt.

„Hier diese Federn mit dem dicken Kiel musst du draußen lassen. Nimm das Küchenmesser und schneide erst die Kiele heraus. Sie bohren sich sonst durch das Inlett."

Allmählich hat die junge Gans eine kahle Brust. Als Lisa

fertig ist, lässt sie das Tier vom Schoß und bindet ihm die Füße los. Zuletzt wird die Kordel vom Schnabel entfernt. Die Gans schüttelt sich und ergreift eilig die Flucht. Anna fängt die nächste ein.

„Da muss ich dir erzählen, wie es meiner Godel gegangen hat“, lacht Lisa. „Sie ist schon lange tot, deswegen kann ich die Sache ruhig erzählen. Willst du die Geschichte hören?“

„Na freilich“, ermuntert Anna sie.

„Also was meine Godel war, die war Häuslerin und wohnte mit ihrem Mann alleine. Kinder hatten die beiden nicht. War auch besser so, hatten doch sowieso nicht viel zu beißen. Jedenfalls hat die Godel im Frühjahr in Kassel auf dem Markt ein Gössel gekauft. Sie hat es gehegt und gepflegt, hat Brennnesseln geholt und abgewellt und ins Futter getan, damit das Gänseküken wachsen und gedeihen sollte. Und es gedieh auch prächtig. Sie fütterte die Gans bis zu Martin, dann musste ihr Mann das Tier schlachten. Was hat sie die Gans mit Liebe ausgenommen, ihr den Leib mit Apfelstücken gefüllt und zugenäht! Am Sonntag wollten sie die Gans dann essen. Als die Godel den Leckerbissen gerade auf den Tisch bringen wollte, da sah sie ihre Base mit den drei Blagen um die Ecke biegen und auf ihr Haus zusteuern. Flugs räumte sie die Teller wieder ab, und den Gänsebraten versteckte sie unter der Bank in der Küche. Eigentlich mochte sie die Base gerne leiden, und auch die Kinder waren ihr nicht einerlei – nur dass die jetzt ihre Gans essen sollten, das war ihr gar nicht recht. Denn die Base und ihre Kinder bekamen nur selten Fleisch zu Gesicht, und da würden sie einen gewaltigen Appetit entfalten.

‚Das ist aber schön, dass du mal nach uns schaust‘, sagte

meine Godel. ‚Nur dumm, dass wir schon gegessen haben.‘

‚Das macht doch nichts‘, meinte die Base und nahm in der Küche Platz. Auch die Kinder setzten sich. Sie sprachen etwa ein Viertelstündchen, da waren Geräusche unter der Bank zu hören. Eines von den Bälgern guckte unter die Bank. Und weißt du, was da war? Der Karo, ihr Hund, hatte sich über die Gans hergemacht. Daran hatte die Godel nicht gedacht, dass der Karo in der Küche war.

Der Godel ihr Mann verjagte den Karo mit dem Besenstiel, aber der Hund kam nicht unter der Bank vor, ohne den Gänsebraten mitzunehmen. Da jagte der Mann hinter dem Hund und dem Gänsebraten her – die ganze Dorfstraße entlang. Sie haben den Braten aber nicht wiedergesehen.

Die Freundschaft von meiner Godel mit ihrer Base hatte freilich einen starken Riss gekriegt. Erst ein Jahr darauf hat die Godel alles wieder gutmachen können. Da hat sie nämlich wieder eine Gans gefüttert. Und zum Gänsebratenessen hat sie die Base und die Kinder eingeladen."

Anna kichert. „Sie hat wenigstens versucht, die Sache wieder in Ordnung zu bringen."

Lisa kichert ebenfalls. „Aber denke doch, wie es ihr gegangen ist! Was hat sie sich blamiert!"

„Ich weiß nicht, ob ich die Base nicht gleich zum Gänsebratenessen eingeladen hätte", sinniert Anna.

„Wer kann schon in einen Menschen hineinsehen?" Lisa wiegt gedankenschwer das Haupt.

Als alle Gänse gerupft sind und aufgeregt schnatternd im Obstgarten herumlaufen, bringen Lisa und Anna das Inlett mit den Federn auf den Speicher. Unterm Dach sollen die Federn ein paar Wochen lang trocknen und lüften.

„Nächstes Jahr rupfen wir die Gänse wieder", sagt Lisa. „Dann hast du bald eine gute Bettdecke. Eine für ein Ehebett. Na, mit welchem Ehemann wirst du wohl darunter schlafen?“, neckt Lisa.

Anna erschrickt. Allein der Gedanke an einen Mann neben sich im Bett ist ihr unerträglich, macht sie schaudern.

Getreideernte

Die hohe Zeit der Getreideernte ist da. Seit einigen Tagen sind die Männer, verstärkt durch Tagelöhner, auf den Getreideäckern, um die Frucht zu mähen. Sie schneiden das Getreide wie das Heu mit der Sense, nur ist diesmal an den Sensen ein Reff befestigt, ein aufrecht stehendes Drahtgeflecht, das die gemähten Halme gleich in Schwaden auf den Acker gleiten lässt. Diese Schwaden sind dann leichter in Garben zu binden.

Kurz nachdem die Männer mit dem Mähen begonnen haben, machen sich die Frauen ebenfalls an die Arbeit. Ein Arm voller Getreidehalme wird mit Hilfe eines Strohseils zusammengebunden. Die Strohseile sind vorher aus langen Halmen in der Scheune gedreht worden; sie jetzt erst herzustellen, dafür wäre die Zeit zu schade. Lisa, Anna und einige Tagelöhnerinnen, unter ihnen Annas Mutter, nehmen unermüdlich die Schwaden auf.

Um eine „Puppe“ aufzustellen, müssen vier Frauen zunächst ihre Garbe, von vier Seiten kommend, mit den Ähren gegeneinander lehnen. Dann legen sie von außen weitere Garben an, sodass ein kleines Häuschen entsteht. Die Arbeit ist schweißtreibend und unangenehm wegen der Grannen und Spelzen, die auf der Haut Juckreiz verursachen.

Um halb elf etwa gibt es ein gutes Frühstück mit Brot und Wurst. Hier langen besonders die Tagelöhner zu; es ist deutlich zu merken, dass sie selten so viel Wurst zu essen bekommen. Lisa ist zwischendurch heimgegangen und hat das Frühstück geholt. Nach dem Imbiss gibt es kein Verweilen, sofort geht es wieder an die Arbeit zurück. Am Nachmittag gegen drei Uhr wird wieder gegessen. Danach geht Lisa nach Hause, um warmes Essen für alle, auch die Tagelöhner, zu kochen. Abends gibt es ein gutes Mahl: Kartoffeln und Eierpfannkuchen mit roter Wurst und Speckscheiben darin.

So ähnlich geht das Tag für Tag. Da das Wetter gut bleibt, gilt es, schnell fertig zu werden. Und kaum ist das letzte Feld gemäht, muss eingefahren werden. Dazu wird der Leiterwagen mit einem ganz großen Tuch, dem Schlagtuch, ausgelegt. Im Schlagtuch sammeln sich die Körner, die während der Fahrt aus den Ähren herausfallen. Sie fielen sonst zwischen des Stäben des Wagens hindurch auf den Weg und gingen verloren. Lisa und Anna haben das Schlagtuch zuvor sorgfältig geprüft. Es darf kein Loch darin sein.

Das Beladen des Wagens erfordert viel Geschick. Zunächst dürfen die trockenen Garben beim Aufnehmen mit der dreizinkigen Gabel nicht geschüttelt werden, weil sonst Körner herausfallen könnten. Die Garben werden nun mit den Ähren nach innen in den Wagen gelegt. Da die trockene Frucht leicht ins Rutschen gerät, darf nicht zu viel geladen werden, vor allem nicht, wenn auf dem Heimweg Steigungen zu bewältigen sind. In der Scheune neben der Tenne laden die Männer die Garben ab. Dort bleiben sie, bis sich im Spätherbst die Zeit zum Dreschen findet.

Anna arbeitet gern auf den Feldern. Der ganze Hof, die Männer und die Frauen, sind eine Gruppe, die miteinander schaffen kann, ohne viele Worte zu machen. Jeder weiß, was er zu tun hat. Über Tag, bei der schweren Arbeit auf dem Feld, gerät es Anna fast aus dem Bewusstsein, was die Männer ihr immer wieder antun. Dann kann sie sie fast bewundern, weil sie so unermüdlich, so kräftig arbeiten, ohne über die Mühe ein Wort zu verlieren. Seite an Seite arbeitet Anna mit ihnen, bis sie plötzlich von Ekel und Abscheu gepackt wird und sich abwenden muss.

Begräbnis des Nachbarn

Der alte Bauer auf dem Nachbarhof ist gestorben. Seit einiger Zeit schon ist er bettlägerig gewesen. In der vergangenen Nacht nun ist es mit ihm zu Ende gegangen.

Lisa wusste zuerst davon. „Gestern Abend hat das Leichenhuhn, das Käuzchen, besonders früh und oft ‚Komm mit!' gerufen", lässt sie Anna wissen. „Und wie ich dir gesagt habe: Der alte Bauer hat gekämpft. Er konnte nicht sterben. Bis sie gemerkt haben, dass er auf Hühnerfedern liegt. Da haben sie schnell das Kissen gegen eins aus Gänsefedern eingetauscht. Und darum ist er ruhig eingeschlafen."

Anna denkt unwillkürlich an den Tod ihres Vaters. So jung war er noch gewesen. Und was hatte er einen schweren Tod gehabt! Dabei hatte er schon vorher so gelitten. Er hatte die galoppierende Schwindsucht. Sein Körper hatte gegen den Tod gekämpft, sein Schicksal nicht annehmen wollen. Es war so schrecklich gewesen, dass die Mutter oft fortgelaufen war, während Anna den Vater nicht im Stich hatte lassen wollen. Bis zuletzt hatte sie seine Hand gehalten.

Lisas Stimme unterbricht Annas Erinnerungen. „Der

Karl ist dann in den Stall zu den Tieren gegangen und hat ihnen den Tod des Altbauern mitgeteilt. Er darf auch die Hühner und die Gänse nicht vergessen. Sogar den Bienen muss er es sagen. Und dann musste er als der älteste Sohn dem Vater die Augen zudrücken. Sie haben den Vater dann aus dem Bett in die Waschküche getragen und dort auf Stroh gelegt. Der Schreiner macht ihm heute die Totenlade. Und dann kommt die Grete, die Leichenwäscherin, wäscht ihn und kleidet ihn an.“

Im Nachbarhaus sind den ganzen Tag über – als Zeichen der Trauer – die Fensterläden geschlossen. Am nächsten Tag machen Lisa und Anna ihren Trauerbesuch. Sie haben dazu schwarze Kleider angezogen. Der Verstorbene liegt im offenen Sarg im Hausflur. Grete hat ihm seinen Anzug angezogen. In diesem Anzug ist er konfirmiert worden; er hat ihn bei seiner Hochzeit getragen, ihn später bei freudigen und traurigen Anlässen angehabt. Er wird ihn nun bei dem letzten Weg hinter die Kirche und ins Grab mitnehmen.

Der alte Bauer hat die abgearbeiteten Hände über der Brust gefaltet. Rosmarinzweige sind in der Totenlade rings um ihn gesteckt. Eine Kerze brennt. Still betrachten die beiden den toten Mann, murmeln ein Vaterunser und gehen dann in die Stube, wo ihnen ein Schälchen Kaffee gereicht wird.

Am Abend zuvor ist der Leichenbitter schon da gewesen, um die Nachbarn zur Beerdigung zu bestellen. Außerdem soll der Schulze Sargträger sein.

Am Beerdigungstag um halb drei treffen sich alle Trauergäste im Hof des Trauerhauses. Alle nehmen Abschied von dem Verstorbenen, werfen einen letzten Blick auf ihn. Dann wird der Sarg geschlossen. Der Pfarrer segnet ihn aus für seinen letzten Gang.

Vorsichtig heben die vier Träger, allesamt Nachbarn, die

das Recht, aber auch die Pflicht haben, den Toten zu tragen, die Totenlade auf und bringen sie zur Trauerkutsche, die bereits vor dem Haus wartet. Ein schwarzes Pferd, welches selbst einen Trauerflor trägt, ist vor einen flachen, schwarz ausgeschlagenen Wagen geschirrt. Auf den Wagen stellen die Träger den Sarg. Die Trauergemeinde wartet schweigend auf das Gebimmel des Totenglöckchens. Erst als die kleine Glocke ihre heisere Stimme ertönen lässt, setzt sich der Trauerzug in Bewegung. Vor dem Gefährt laufen einige alte Leute, das sind die Schulkameraden des Verstorbenen. Gleich hinter dem Sarg geht der Pfarrer. Dann folgt die tiefschwarz gekleidete Witwe. Sie hat sich ein Trauermäntelchen über den Kopf gezogen – ein großes schwarzes Tuch, das sie den Blicken der Nachbarn entzieht. Sie will allein sein in ihrer Trauer um den Gatten. Ihr folgen die Kinder, Schwiegerkinder und Enkel des Verstorbenen, dann die Verwandten, die Nachbarn und die Dorfbewohner.

Auf dem Weg zum Friedhof flüstert Lisa in Annas Ohr: „Und dass du ja drei Schippen Erde in das Grab wirfst! Wenn du das nicht tust, hast du dem Toten die letzte Ehre versagt. Dann holt er dich bald nach."

Vor dem offenen Grab kommt die Trauerkutsche zum Stehen. Vorsichtig heben die Träger den Sarg auf zwei Balken, die quer über der Grabstelle liegen. Der Pfarrer verliest die Lebensdaten des Verstorbenen, hält eine kurze Leichenpredigt und betet mit der Trauergemeinde ein Vaterunser. Dabei läutet die Gebetsglocke. Zuletzt singen alle das Begräbnislied: Jesus, meine Zuversicht und mein Heiland ist im Leben ...

Während erneut die Totenglocke läutet, lassen die vier Träger den Sarg in die Tiefe. Nach und nach gehen die Dorfbewohner und Nachbarn, dann die Verwandten und zuletzt die Familienmitglieder mit der Witwe an das offene Grab, um Abschied zu nehmen. Dabei wirft jeder drei Schippen Erde in das Grab. Allmählich finden sich die Trauergäste im Trauerhaus ein. Dort halten einige Frauen aus dem Dorf Kaffee und Kuchen bereit, um die Zurückkehrenden zu bewirten.

„Früher wurde oft noch getanzt", raunt Lisa Anna zu, „aber jetzt ist das verboten."

Die auswärtigen Trauergäste bleiben bis zum Abend. Anna wundert sich, dass die Stimmung immer ausgelassener wird. „Die sind froh, dass sie leben dürfen", denkt sie. Doch auf einmal sieht sie, dass versteckt Schnaps herumgereicht wird.

Lisa nimmt einige kräftige Schlucke aus der Flasche. Am Nachbartisch sitzt der Schulze.

„Wenn wir ihn doch heute begraben hätten", denkt Anna. Ohnmächtige Wut auf diesen Mann erfüllt sie. Sie starrt ihn hasserfüllt an. Kaum einmal richtet er das Wort an sie, ohnehin sieht sie ihn tagsüber nur beim Essen. Er behandelt sie wie Luft. Und auch in der Nacht, wenn er zu ihr kommt, redet er kein Wort mit ihr.

„Was schaust du unseren Schulzen so an?", fragt Lisa. Der Alkohol macht sie noch redseliger als sonst. „Nicht wahr, er sieht stattlich aus, unser Herr! Wenn er seinen guten Anzug anhat, dann kann man richtig stolz auf ihn sein. Meinst du nicht auch, Anna?" Lisa stößt Anna in die Rippen, weil Anna nicht antwortet. Dabei hat Lisa Recht. Er ist ein stattlicher Mann – das ist nicht zu bestreiten. Aber Anna kennt ihn eben auch anders, kennt ihn in seiner widerwärtigen, abstoßend gierigen Wildheit. Und die ist nicht stattlich.

„Nun sag schon, dass er von allen hier am besten aussieht!“, fordert Lisa. Anna macht eine zustimmende Kopfbewegung. Da gibt Lisa sich zufrieden.

Zwetschenmus

Die Zwetschen sind geschüttelt. Mehrere Körbe voll stehen in der Waschküche und wollen verarbeitet sein. Lisa hat beschlossen, Zwetschenmus zu kochen. Deshalb hat sie für heute Abend die Nachbarinnen zum Entkernen eingeladen. Sie hat dafür auch einen Zwetschenkuchen gebacken.

Abends – nach dem Füttern und dem Abendessen – kommen die Frauen und Mädchen von den Nachbarhöfen zu ihnen in die Waschküche. Jede hat ein Küchenmesser mitgebracht. Drei Gruppen sitzen in der Waschküche. Die Frauen erzählen sich Neuigkeiten aus dem Dorf, singen auch alte Spinnstubenlieder. Anna, die früher gern gesungen hat, mag nicht mehr mitsingen. Sie lauscht auf die Texte der Lieder, die immer damit enden, dass der Sänger sich den Tod wünscht oder ein besseres Leben. Ein besseres Leben wünscht sie sich auch. Dabei muss doch jeder denken, dass es ihr auf dem Hof des Schulzen sehr gut geht. Den Tod ... nein, den wünscht sie sich nicht. Sie will leben. Trotz allem!

Alle Zwetschen sind entkernt. Jetzt servieren Anna und Lisa Kaffee und Kuchen. Danach, so haben die Frauen lachend überlegt, werden sie ein Pfädchen streuen. Es soll eine heimliche Beziehung geben zwischen einem Knecht und einer Magd. Vom Kammerfenster der Magd bis zum Fenster des Knechts werden die Frauen heimlich mit den Kernen ein Pfädchen, einen Weg, streuen, sodass die Heimlichkeit zwischen beiden morgen bei Tag an die Öffentlichkeit kommen wird. Die Frauen und Mädchen kichern, während sie mit dem Eimer voller Kerne in der Dunkelheit verschwinden.

Am nächsten Morgen beginnen Lisa und Anna, im sauber ausgescheuerten Waschkessel die Zwetschen zu kochen. Bei schwachem Feuer werden die Früchte einen ganzen Tag lang gegart, manchmal sogar noch länger. Dabei muss immer gerührt werden, denn sobald die Masse nicht bewegt wird, setzt sie unten an. Nach einem Tag und einer Nacht – alle waren stundenweise mit Rühren dran – ist das Zwetschenmus gut. Jetzt kann es in irdene Töpfe gefüllt und aufbewahrt werden. Anna weiß es genau: Nichts schmeckt besser als frisches Zwetschenmus auf frischem Brot und Quark.

Weihnachten

Die Kartoffeln sind längst gelesen. Auch das Korn ist gedroschen. Es ist Weihnachten geworden. Anna hat Stoff für ein Kleid bekommen; blaugrau ist er, mit feinen Streifen. Sie bedankt sich beim Schulzen. Lisa hat auch Stoff gekriegt. Onkel Frieder wurde mit Pfeifentabak bedacht. Zum Festessen haben sie eine Gans gebraten, die Lisa bis kurz vor Weihnachten eifrig gefüttert hat.

Anna geht in ihre Kammer und legt den Stoff in ihre Truhe. Sie hat inzwischen viele Silbermünzen zu dem Goldstück gelegt. Müde legt sie sich auf ihren Strohsack und schließt die Augen. Sie kommt ins Grübeln. Am Nachmittag war sie bei ihrer Mutter gewesen. Sie hat ihr einen Korb gebracht, den Lisa gepackt hat. Eine Wurst war darin gewesen, ein Stück eingesalzenes Fleisch, ein runder Käse, ein halber Laib Brot und eine Flasche Weißwein.

„Das bringst du deiner Mutter zum Christfest“, hatte Lisa gesagt, „und grüße sie herzlich von mir.“

Anna hatte sich bedankt, den Korb an den Arm gehängt und sich auf den Weg gemacht. Zuerst allerdings war sie zu ihrer Godel gelaufen und hatte ihr aus dem Korb die Wurst und den Käse herausgeholt.

„Das ist von mir für Euch, Godel! Zum Christfest“, hatte Anna gesagt und Wurst und Käse auf den Tisch gelegt.

„Ich danke dir, mein Kind!“ Wie freundlich die alte Frau sie angesehen hatte!

„Nein, Godel, ich habe Euch zu danken“, hatte Anna abgewehrt. „Ihr habt mir den Sud gegeben.“

„Das tue ich doch gerne für dich. Hole dir nur, wenn du nichts mehr davon hast.“

„Lasst es Euch gut schmecken, heute zum Heiligen Abend, Godel.“

„Das will ich tun, Anna. Es könnte mein letzter Heiliger Abend sein.“

„Was redet Ihr für Zeug?“

„Ach Kind, das Leben ist beschwerlich geworden für mich. Oft wünsche ich mir, es könnte bald zu Ende gehen. Das Alter ist sehr bitter.“

„Godel, sagt so etwas nicht. Was soll ich denn tun, wenn Ihr nicht mehr seid?“

„Es gibt immer wieder einen Weg. Auch für dich. Und nun mache dich auf zu deiner Mutter, und grüße sie von mir.“

Anna war dann zu ihrer Mutter gegangen und hatte ihr den Korb abgeliefert. Seit jenem grauenvollen Morgen besteht kaum noch eine Verbindung zwischen Mutter und Tochter. Anna hat die Geschenke für die Mutter auf den Tisch gestellt und ist dann wieder gegangen. Die Mutter schien eine engere Bindung zur Tochter nicht zu suchen.

Jetzt liegt Anna auf ihrem Lager und sinnt nach. Vor einem Jahr war sie zum Christfest noch zu Hause bei der Mutter gewesen. Damals – Jahre scheinen vergangen zu sein – war die Welt anders, heller. Nun ist sie die Magd des Schulzen; sie verdient gut bei ihm, er hat ihr ein großzügiges Geschenk gemacht. Wenn nur ...

Ja, wenn das nicht wäre, was dazugehört, wenn man als Magd gedingt ist. Immer wieder ist der Schulze in ihre Kammer gekommen. Er hat sich geholt, was er wollte. Auch der Jost hat Anna häufig besucht. Irgendwie ist es bei ihm anders gewesen, so... so... kameradschaftlich. Er hat ihr auch immer vorher gesagt, wann er kommen würde. Ganz anders Konrad. Der ist immer über sie hergefallen. Freilich hat sie auch jedes Mal eine Silbermünze von ihm bekommen. Ihren Sud hat sie regelmäßig getrunken. Sie weiß, dass sie das nicht vergessen darf. Denn der Keimsaft der Männer ist sehr gefährlich. Das hat ihr die Godel eingeschärft.

Anna ist nun sechzehn Jahre alt. „Einige Jahre werde ich noch hier aushalten, dann gehe ich weit fort, am besten nach Amerika. Morgen werde ich Klara besuchen“, freut sie sich beim Einschlafen. „Sie ist daheim zu Besuch.“

Feiertag

Gemeinsam steigen Anna und Klara den steilen Berg zur Burgruine hinauf. Es ist kalt. Harter Frost liegt über dem Land. Die Bauern klagen, weil kein Schnee gefallen ist. Die Saat wird erfrieren, wenn sich nicht bald die schützende weiße Decke über die Felder breitet. Die beiden Mädchen stoßen weiße Atemwölkchen in den sonnigen Winterhimmel. Sie haben sich viel zu erzählen.

Klara ist Stallmagd wie Anna. Allerdings gibt es noch zwei andere Mägde auf dem Hof, auf dem Klara arbeitet. Klara teilt ihre Kammer mit einer anderen Magd, die sie ganz gut leiden kann. Beiläufig fragt Anna, ob die Mägdekammer einen Riegel hat. „Natürlich! Weshalb fragst du?", wundert sich Klara. Was Anna bloß für merkwürdige Ideen hat! Ach ja, das wichtigste, was Klara zu berichten hat: Johannes hat ihr geschrieben. Im kommenden Sommer ist seine Militärzeit in Berlin beim Ersten Garderegiment zu Ende. Dann kommt er zurück. Und dann will er heiraten. Wen wohl? Dreimal darfst du raten.

Klara ist wirklich glücklich. Johannes hat einen Bauernhof und auch noch ein Anstreichergeschäft. Einem solchen Mann kann der Förster die Hand seiner Tochter doch nicht verweigern. Klara ist zwar noch sehr jung. Aber jung gefreit hat noch nie gereut, sagen alle. Im Sommer, wenn Johannes von Berlin zurückgekommen ist, dann werden Klaras Hochzeitsglocken läuten. Was sagst du nun, Anna?

Eigentlich freut sich Anna für Klara, aber irgendwie freut sie sich auch nicht. Der Johannes, ja, der hätte Anna auch gefallen. Aber Klara braucht das nicht zu wissen. Deswegen beeilt sich Anna, ihrer Freundin zu versichern, wie sehr sie sich freut.

Die beiden Mädchen gehen schließlich in Klaras Elternhaus. Und dort hat die Försterin, inzwischen noch einmal Mutter einer Tochter geworden, Kaffee gebrüht, um die beiden Freundinnen zu bewirten.

Das Orakel

Eine lange Winternacht hat sich herniedergesenkt. Es gibt einen alten Brauch im Dorf: Die im vergangenen Jahr konfirmierten Mädchen schleichen sich in der Neujahrsnacht zu einem Schafstall. Hier können sie erfahren, ob sie einen Ehemann bekommen oder ob sie ledig bleiben werden ... Klara und Anna sind selbstverständlich ebenso neugierig, wie es die Mädchen der vergangenen Jahre gewesen sind.

Klara hat es möglich gemacht, über die Neujahrsnacht wieder „auf Urlaub“ im Heimatdorf zu sein. Anna hat sich nach dem Feierabend fortgeschlichen. Sie hat Strickzeug eingepackt und Lisa gesagt, sie ginge in eine Spinnstube. Mit Klara hat sie sich verabredet, erst einmal in das Försterhaus zu kommen. Dann wollen die beiden zum Schafstall gehen. Der ist ganz dicht beim Försterhaus. Und ... ja ... dann wollen sie herausbekommen, wie es ihnen im Leben ergehen wird.

„Man muss an das Tor gehen! Jede alleine! Dann muss man ganz deutlich dreimal anklopfen“, weiß Klara.

„Und dann muss man gut lauschen“, ergänzt Anna. „Blökt zuerst ein altes Schaf, dann bekommt man einen Witwer zum Mann. Blökt zuerst ein junges Schaf, kriegst du einen jungen Mann.“

„Und wenn zuerst ein Lamm blökt, kriegt man ein lediges Kind oder überhaupt keinen Mann."

Die Mädchen sind in andächtiger Entfernung vor dem Schafstall stehen geblieben. Wie gut, dass der Schäfer seinen Hund nicht immer bei den Schafen lässt! Ob der Schäfer ihn wohlweislich in der Neujahrsnacht immer mit nach Hause nimmt, damit die um ihr Lebensschicksal Besorgten ungehindert zum Schafstall können?

„Geh du zuerst!", flüstert Klara.

„Nein, du!", wehrt Anna ab. „Du bist etwas älter als ich."

Klara schleicht an das hölzerne Tor des Stalles. Es dauert einige Augenblicke, bis sie sich ein Herz fasst und dreimal klopft.

Da blökt ein junger Hammel, und auch die anderen Schafe beginnen, sich erschrocken zu melden.

„Du kriegst einen jungen Mann, Klara", freut sich Anna. „Das war ganz deutlich zu hören."

„Jetzt bist du an der Reihe!"

Klara gibt Anna einen leichten Schubs. Annas Füße wollen nicht gehorchen. Zitternd wartet sie vor dem Tor, bis sich die Schafe beruhigt haben. Dann klopft sie dreimal. Die aufgestörten Schafe antworten alle fast gleichzeitig. Junge, alte und Lämmer blöken durcheinander.

„Es klappt bei mir nicht", meint Anna mit hängendem Kopf.

„Zuerst habe ich einen alten Schafbock gehört. Dann haben junge Schafe geblökt und sofort ein Lamm dazu. Oder war das Lamm eher?" Klara ist sich nicht sicher.

„Lass uns gehen", bittet Anna. „Mir gefällt das nicht. Und außerdem – ich glaube sowieso nicht daran."

„Ich finde es schön, dass zuerst ein junges Schaf geblökt hat. Ich kriege einen jungen Mann", sagt Klara fröhlich.

„Natürlich!“, bestätigt Anna. „Du kriegst den Johannes.“

„Den Johannes, bestimmt. Wenn es bloß schon so weit wäre!“

Klara merkt nicht, dass Anna seufzt.

Schlachten

„Es ist höchste Zeit, dass ein Schwein geschlachtet wird“, murmelt Lisa. „Die Räucherkammer ist fast leer, und auch in den Pökelfleischfässern sind nur noch ein paar Brocken.“

Das Wetter ist frostig. Nicht schlecht fürs Schlachten.

„Der Willem kommt morgen, ich habe ihm schon Bescheid sagen lassen.“

Anna kennt das Hausschlachten von daheim. Nur dass die Schweine des Schulzen rund und fett sind, während das im Schweinekoben der Mutter gefütterte Tier ziemlich mager ist. Willem ist der Hausmetzger am Ort.

Er ist am nächsten Morgen früh zur Stelle, frühstückt ausgiebig und stärkt sich zusätzlich mit einem Schnaps. „Ist das Wasser heiß?“, fragt er, und dann geht's los. Im Hof vor der Waschküche zerren die Männer das sich heftig wehrende, laut quiekende Schwein herbei. Es hat seit zwei Tagen nichts mehr zu fressen bekommen, damit Magen und Darm möglichst leer sind. Um jedes Hinterbein des Tieres wird ein starkes Seil geschlungen, das je einer der Männer in der Hand hält. Willem greift nach dem Vorschlaghammer, mit dem er blitzschnell dem Schwein einen wuchtigen Schlag auf die Stirn versetzt. Das Schwein fällt zur Seite. Schnell öffnet der Hausmetzger die Halsschlagader. Das Blut läuft in den untergestellten Eimer. Anna steht bereit, um das Blut sofort kräftig zu rühren. Es darf nicht gerinnen. Anna muss ziemlich lange rühren. Das Schwein beginnt zu zittern, dann wird es still. Der Eimer, auf dem sich oben Schaum gebildet hat, ist bis zu drei Vierteln mit Blut gefüllt. Anna rührt noch immer.

„Du kannst jetzt aufhören“, sagt Willem. „Ich brauche jetzt heißes Wasser.“

Der Schulze und seine Söhne legen das tote Schwein in den Brühtrog – ein hölzernes, längliches Gefäß, das dem Tierkörper Raum bietet.

Jetzt gießen sie kochendes Wasser über das tote Schwein: Das Schwein wird gebrüht. Mit einem Schaber schabt nun Willem die dicken Schweineborsten ringsum ab. Das Schwein sieht nun rosig und glatt aus. In der Zwischenzeit haben Anna und Lisa den Kessel wieder mit Wasser gefüllt und ein gewaltiges Feuer darunter entfacht.

Nun kann das Tier zerlegt werden. Willem schält die Speckseiten am Bauch ab, schneidet die Hinterschinken aus, trennt die Kopfteile ab und zerlegt die Vorderschinken. Lisa sagt ihm, welche Teile sie einsalzen möchte. Willem muss sie in die gewünschten Portionen schneiden. Das Salzfleisch wird besonders aufbewahrt, um später in den Salzfässchen zu verschwinden. Dann werden die gesäuberten Innereien und die beiden Kopfhälften in das kochende Wasser im Kessel gegeben.

Nun ist es Zeit, die rote Wurst herzustellen. Das Fleisch dafür wird in Streifen geschnitten und durch den Fleischwolf gedreht. Die durchgelassene Fleisch- und Speckmasse würzt Willem mit einigen Händen voll Salz und Pfeffer. Auch etwas Salpeter kommt dazu. Dann werden die

Würste „gestopft". Die Wurst ist fertig und kann zum Trocknen auf ein Trockengestell gehängt werden. Nach ein paar Tagen können diese Würste dann in der Räucherkammer geräuchert werden.

Sind alle roten Würste, die jetzt noch recht blass aussehen, am Trockengestell befestigt, wird die Blut- und Leberwurst hergestellt. Dazu holen die Frauen mit langen Gabeln die inzwischen gar gekochten Innereien und die Schädelhälften aus dem Kessel.

Nachdem auch sie fertig sind, werden sie alle in den Kessel gegeben und mindestens zwei Stunden lang gebrüht. Mit einer kleinen Nadel sticht Willem dabei immer wieder in die einzelnen Würste, damit das Fett austreten kann. Schließlich fischt er die Würste aus der Brühe. Sie finden ebenfalls auf dem Trockengestell Platz, wo sie einige Tage bleiben müssen, bis sie in den Rauch gehängt werden können. Zurück bleibt die Wurstbrühe, von der das leckere Wurstfett abgeschöpft wird. Mit einer großen Kelle füllt Anna es in Steinguttöpfe. Das gibt Brotaufstrich für den ganzen Winter.

Abends lädt Lisa zum Wellfleisch- und Wurstsuppenessen ein. Was Lisa davon im Haushalt nicht verarbeiten kann, wird an die Nachbarn verteilt.

Am nächsten Morgen legen Anna und Lisa das Salzfleisch in die Holzbütten. Über jede Lage Fleisch streuen sie dick Salz. Zuletzt gießen sie abgekochte und wieder erkaltete Salzlake über das Fleisch, sodass es völlig bedeckt ist. Bevor sie das Fass mit einem Tuch zudecken, streut Lisa noch zur besseren Haltbarkeit Salpeter obendrauf.

Nun lassen die beiden das Fett aus. „Du musst immer darauf achten, dass das Fett beim Auslassen nicht zu heiß wird. Sonst sieht es hinterher grau aus. Hingegen ist schneeweißes Fett die Zierde einer jeden Köchin“, belehrt Lisa die junge Magd.

Strümpfe stricken

„Weißt du, was du machen könntest? Du hast doch noch gute Augen. Du könntest Strümpfe stricken“, schlägt Lisa vor.

„Aber Lisa, ich habe doch Strümpfe genug. Ich brauche keine mehr.“

„Du Dummes! Doch nicht für dich. Du sollst die Strümpfe stricken und dem Henner mit auf den Markt geben. Er verkauft sie in Kassel und bringt dir dann neue Strumpfwolle mit. Der Henner behält einen Groschen, aber fünfzig Pfennig bleiben für dich. Fünfzig Pfennig für ein Paar Strümpfe!“

Anna nickt. „Das ist viel Geld!“

„Warte mal, ich glaube, ich habe oben noch graue Strumpfwolle. Die habe ich nicht verbraucht, weil meine Augen zu schwach geworden sind. Die kannst du haben.“

Lisa schlurft in ihre Kammer. Sie kommt mit fünf Stricknadeln und einem Strang Wolle zurück. „Schau mal, was ich hier habe!“

Lisa lässt Anna sofort anfangen.

Anna kann Strümpfe stricken, ist aber darin nicht sehr geübt. „Wie kommt es denn, dass man in Kassel Strümpfe so leicht verkaufen kann? Können die Frauen dort ihren Männern keine stricken?“

„Das schon, aber viele haben keine Zeit. Oder sie haben

Gicht in den Fingern oder etwas anderes ... Und dann ist da ja die Garnison. Das sind Männer, die meist keine Frauen haben. Die sind dann froh, wenn sie Strümpfe kaufen können."

Anna strickt nun jede freie Minute. Die Strümpfe, die sie zustande bringt, können sich sehen lassen. Als Henner beim nächsten Mal Käse für den Markt abholt, vertraut Anna ihm das Paar Strümpfe an.

„Die bringe ich schon an den Mann", lacht Henner. „Aber zehn Pfennige davon sind für mich." Anna ist einverstanden.

„Wie ist das eigentlich, Henner", fragt sie, „verkaufst du immer alles auf dem Markt in Kassel?"

„I wo", lacht der. „Wenn ich den Käse auf dem Markt nicht loswerde, dann fahre ich zu den Gasthöfen. Die nehmen mir dann immer gern die Reste ab. Nur – mit dem Preis muss ich dann etwas nachlassen."

„Viel Glück mit den Strümpfen", wünscht ihm Anna. „Und wenn du sie verkaufen kannst, dann bring mir doch gleich wieder neue Strumpfwolle mit. Die für eine Mark, wie du sie für Lisa immer gekauft hast."

„Geht in Ordnung, Anna!"

Henner bringt am Abend tatsächlich fünfzig Pfennig für Anna und für eine Mark Strumpfwolle. Anna strahlt. „Sag mal, Henner, wie viel verdienst du eigentlich, wenn du zum Markt gehst?"

„Kind, ich wäre ein schlechter Geschäftsmann, wenn ich dir das verraten würde."

„Na, sag schon! Du hast doch fast gar kein Land."

„Anna, du bist auch armer Leute Kind. Deswegen werde ich es dir sagen. Wenn ich drei Mark für mich habe, dann war es ein lohnender Markttag."

Spinnstube

Anna ist mit ihrem Strickstrumpf ins Nachbarhaus gegangen, weil dort Spinnstube gehalten wird. Zuerst treffen sich alle Frauen der Nachbarschaft in der guten Stube des Hauses, die bis auf die Bettstelle der Großeltern ausgeräumt wurde. Größere Räume gibt es nicht, so muss man sich begnügen. Alle Sitzgelegenheiten, die das Haus zu bieten hat, sind in die gute Stube gebracht worden. Der Ofen ist schon seit dem Nachmittag angeheizt. Es ist wohlig warm.

Anna bekommt einen Schemel zugewiesen. Vorerst sind die Frauen und Mädchen noch unter sich. Einige haben ihr Spinnrad dabei, andere stricken oder stopfen. Sie erzählen von den Krankheiten ihrer Kinder, ihres Viehs, von einem Huhn, das ein Ei mit drei Dottern gelegt hat, von Beschwerden bei der Schwangerschaft, von Schwierigkeiten mit streitsüchtigen Nachbarn und vielem anderen mehr. Anna hört zu, beteiligt sich aber nicht am Gespräch; es sei denn, sie wird direkt angesprochen. Sie strickt eifrig, denn sie möchte jede Woche ein Paar Strümpfe fertig haben, die Henner dann auf den Markt mitnehmen kann. Gegen zehn Uhr abends kommen die jungen Burschen und Männer in die Stube. Die sind bis jetzt im Wirtshaus gewesen. Nun werden Volkslieder angestimmt und gesungen. Plötzlich taucht eine Schnapsflasche auf und macht die Runde. Die Burschen beginnen, die Mädchen zu necken.

Anna hält sich zurück, aber Albrecht, ein junger Knecht aus dem Waldeckischen, macht ihr schöne Augen. Ein Pfänderspiel ist an der Reihe, und Anna bekommt ihr Pfand – eine Haarnadel – erst zurück, nachdem sie Albrecht einen Kuss gegeben hat. Anna küsst ihn, aber das Spiel gefällt ihr nicht. Dabei hat sie nichts gegen den Knecht. Er ist ein gutgebauter, kräftiger Bursche, hat ein offenes Gesicht und eine wohltönende Stimme.

Inzwischen hat die kleine Glocke vom Kirchturm elf Mal geschlagen. Die Großeltern, die ältesten Bewohner des Hauses, möchten jetzt schlafen gehen. Anna denkt, nun sei es an der Zeit aufzubrechen, aber sie täuscht sich. Für kurze Zeit wird das Licht gelöscht, die beiden Alten gehen ins Bett. Als das Licht wieder angezündet wird, sind die Vorhänge der Bettstelle zugezogen. Die Großeltern werden jetzt hier schlafen. Als Einschlafhilfe bekommen Großvater und Großmutter ein Wasserglas mit Schnaps hinter den Vorhang gereicht, das sie sofort bis auf den letzten Tropfen leeren. Es dauert nur kurze Zeit, da sind beide fest eingeschlafen.

Nun kann getanzt werden. Spinnräder werden nach draußen gebracht, Strickstrümpfe weggepackt. Die Schemel stehen rings an den Wänden, sodass in der Zimmermitte eine kleine Tanzfläche entstanden ist. Höchstens ein Paar kann hier tanzen, während die anderen singen und im Takt klatschen. Sich zu weigern, wäre unmöglich. Als Albrecht an der Reihe ist, wählt er sofort Anna zu seiner Tanzpartnerin. Er hat, wie alle jungen Burschen, Schnaps getrunken und ist etwas wagemutiger geworden. Die einfachen Tanzschritte machen Anna keine Schwierigkeiten. Er presst das junge Mädchen fest an sich.

„Du gefällst mir, Anna!“, flüstert er ihr zu. „Kannst du mich auch ein bisschen leiden?“ Anna nickt. „Vielleicht! Ich ... du ...“

Ihr stockt der Atem. Abscheu steigt in ihr hoch. Albrecht drückt sie und versucht sie zu küssen. Die Zuschauer klatschen Beifall und spornen Albrecht an. Er umschlingt Anna fester. Sie spürt durch ihre Kleidung hindurch seinen Körper. Da verliert sie die Kontrolle über sich. „Lass mich los, du elendes Schwein!“, kreischt sie.

Und nun platzt es aus ihr heraus. Alles, was sich in ihr aufgestaut hat, das trifft den jungen Burschen, der verdutzt vor ihr steht. Er kann Annas bodenlosen Zorn ebenso wenig begreifen wie sonst jemand im Raum. Doch Anna ist nicht aufzuhalten. Alle Schimpfwörter, die ihr einfallen, schleudert sie ihm entgegen. Schließlich schlägt sie mit Fäusten auf ihn ein. Die Zuschauer schreien entsetzt auf.

Albrecht dreht sich langsam um. „Du“, presst er mit bleichem Gesicht heraus, „tu so etwas nie wieder. Sonst könnte ich mich vergessen. Was glaubst du eigentlich, wer du bist? Was habe ich dir denn getan? Warum beschimpfst du mich so?“

Anna kommt langsam zur Besinnung. Wie aus einem Nebel kehrt sie zurück in die Wirklichkeit. Was hat sie getan? Schamesröte steigt ihr ins Gesicht. Sie reißt ihren Strickstrumpf an sich und stürzt aus der Stube.

Daheim in ihrem Bett fängt sie an zu schluchzen. Sie kann sich nicht beruhigen. Eines weiß sie: Nie wieder wird sie zu einer Spinnstube gehen.

Osterwasser

Am Abend vor Ostersonntag raunt Lisa Anna zu: „Morgen früh gehst du mit mir zur Schafbachquelle in den Wald. Wir müssen Osterwasser holen.“

Anna schluckt: „Osterwasser? Aber Lisa, das ist doch Unsinn.“

„Unsinn? Was sagst du da, du Küken? Jeder weiß, dass

Osterwasser Heilkraft hat. Es hilft bei Fieber, bei Husten, bei Zahnweh, bei Verstauchungen und bei allen offenen Wunden."

„Aber das ist doch Aberglaube, Lisa!"

„Ja, rede du nur! Was weißt du schon? Das Kalb will wieder klüger sein als die Kuh. Alle alten Leute aus dem Dorf haben noch immer Osterwasser geholt, und es hat noch immer geholfen."

„Der Lehrer hat gesagt, dass es alles nur Schwindel ist."

„Was weiß denn der Lehrer? In der heiligen Osternacht, wenn unser Herr Christus von den Toten auferweckt wird, sind alle Quellen besonders gesegnet. Deswegen hat das am Ostermorgen geschöpfte Wasser eine besondere Kraft. Du darfst nur kein Wort reden, nicht auf dem Hinweg und auch nicht auf dem Heimweg."

„Ich weiß nicht, Lisa!"

„Dafür weiß ich umso mehr. Ich klopfe morgen früh vor Sonnenaufgang an deine Tür. Du darfst aber nicht antworten. Schnell aufstehen und kommen!"

„Meinst du wirklich?"

„Jetzt rede nicht dauernd dagegen! Leg dich zeitig schlafen, damit du morgen früh ausgeruht bist."

Es ist stockdunkel, als Lisa an die Tür von Annas Kammer klopft. Verschlafen zieht Anna Rock und Jacke an. Sie stolpert hinter Lisa her, die ihr vor dem Haus einen irdenen Krug reicht. Beide laufen die Dorfstraße entlang, dem Wald zu. Es ist dunkel und neblig. Unterwegs werden die beiden von einigen Frauen eingeholt, die offenbar dasselbe Ziel haben wie sie. Tiefe Stille liegt über dem Dorf. Die Schar der Frauen wird immer größer. Fast aus jedem Haus ist jemand dabei.

Als sie die Quelle des Schafbaches erreicht haben,

beginnt der Tag zu dämmern. Die Frauen füllen ihre Krüge und treten den Heimweg an.

Anna wundert sich über die geheimnisvolle Stille, die nur von leisen Tritten und dem Murmeln des Baches durchbrochen ist. Gespenstisch mutet es an, dass die Frauen des Dorfes, die sonst so gerne miteinander reden und keine Gelegenheit zu einem Schwatz auslassen, vollkommen schweigsam aneinander vorbeigehen. Als Anna und Lisa den Saum des Waldes erreicht haben und auf die freie Flur gelangen, hat der Nebel sich etwas gesenkt. Vom Dorf im Tal ist nur die Kirchturmspitze zu sehen. Rechts ragt der Burgberg mit der Ruine auf. „Da unten im Nebel liegt mein Dorf", denkt Anna. „Ich kann es mir nicht vorstellen, irgendwo anders zu leben. Trotzdem wäre ich gern ganz weit weg ..."

Daheim nimmt Lisa, immer noch schweigend, beide Krüge an sich. Sie gießt das Osterwasser in ein paar vorbereitete Flaschen, die sie sorgsam verkorkt und in den Vorratskeller bringt. Erst als alle Flaschen an ihrem Platz stehen und beide oben in der Küche sind, bricht Lisa das unheimliche Schweigen. „Lass uns Feuer machen und frühstücken. Und dann ist es ja auch bald Zeit für den Stall."

Ganz allein

Anna hat Trauerkleidung anlegen müssen. Die Bäume tragen inzwischen ihr erstes Grün. Zwar nicht ganz unerwartet, aber für Anna allzu plötzlich ist ihre Godel gestorben. Anna hat aufrichtig um sie getrauert und trauert noch immer.

Bei der Beerdigung ist Anna die Einzige, die bittere Tränen vergießt. In den letzten Wochen, als es mit der Godel allmählich schlechter wurde, hat Anna sie häufig besucht und oft still neben ihrer Bettstatt gesessen. Manchmal haben die beiden auch miteinander geredet, obwohl die Godel alles andere als schwatzhaft ist und auch Anna keinen Grund sieht, viel zu sprechen.

Irgendwann auf ihrem letzten Lager hat die Godel Anna angeschaut und gesagt: „Du wirst es noch merken, Kind, wir Menschen müssen alle in unserer eigenen Einsamkeit leben. Und glaub mir, diese Einsamkeit ist manchmal furchtbar."

Anna hat ihre Hand gestreichelt. „Aber Godel", hat sie gesagt, „ich bin doch bei Euch, Ihr seid doch gar nicht einsam." Und die Godel hat geflüstert: „Schon gut, mein Kind! Ich wünsche dir, dass du sie nicht kennen lernen musst. Aber du wirst sie kennen lernen, die Einsamkeit."

Am offenen Grab denkt Anna an die Worte der alten Frau. Sie hat Recht gehabt. Anna spürt zum ersten Mal ganz deutlich, wie allein sie ist.

Mit ihrer Mutter verbindet sie kaum etwas. Die Godel war ihre enge Vertraute gewesen, hatte diese doch mit ihr das furchtbare Geheimnis geteilt. Anna wird die alte Frau sehr vermissen. Zu wem soll sie gehen, wenn sie es nicht mehr aushalten kann? Wer soll ihr Mut zusprechen, wenn sie sich zerschlagen und schmutzig fühlt? Und schließlich: Wer soll ihr den Sud geben, der dem Keimsaft der Männer die Kraft nimmt, den Sud, den sie bisher jede Woche getrunken hat? Für einige Zeit wird er noch reichen, aber dann?

Anna fühlt sich richtig allein und verlassen. Mit Klara kann sie nicht reden. Die weiß nicht, was sie erlebt hat. Die denkt, dass alle Mägdekammern Riegel an der Türe haben. Die ist außerdem so glücklich, weil sie bald heiraten wird.

Johannes

Nun ist der angehende Bräutigam endlich aus Berlin zurück. Bis nach Kassel ist er mit der Eisenbahn gefahren. Die restliche Strecke muss er zu Fuß kommen. Anna kann ihn eher begrüßen als Klara, denn Klara ist noch immer in Stellung. Sie soll erst eine Woche vor der Hochzeit wieder heimkommen.

Johannes sieht aus wie ein Märchenprinz, findet Anna. In der Uniform, die er jetzt noch trägt, erkennt man seinen schönen Körperbau. Und der Helm macht ihn so richtig männlich. Das ist ein Mann, wie ihn sich Anna nur erträumen kann.

„Guten Tag! Das ist doch nicht möglich. Bist du das, Anna?", so begrüßt Johannes sie auf der Straße. Anna kann nur „Guten Tag, Johannes" stammeln. Dann wird sie rot, ohne es zu merken.

„Du bist eine richtige Frau geworden, Anna", sagt Johannes zu ihr und schaut sie von Kopf bis Fuß an. Aber, das merkt Anna gleich, er schaut sie nicht an wie der Schulze. Der Blick von Johannes ist ehrlich und offen. Er lacht. „Du kommst doch zu unserer Hochzeitsfeier? Jedenfalls bist du herzlich eingeladen."

Anna nickt und dankt.

„Es wird mir nicht leicht fallen, wenn ich sehen muss, dass Klara den Johannes heiratet. Aber das werde ich schon durchstehen", denkt sie, als sie weitergeht. „Die Klara wird es guthaben bei ihrer Schwiegermutter. Die ist alt und gichtbrüchig. Die wird froh sein, wenn endlich eine junge Frau mit auf dem Hof ist. Und der Schwiegervater ... den habe ich auch noch niemals böse gesehen. Mit dem wird Klara auch leben können. Und überhaupt, wenn sie heiratet, dann bringt ihr Großvater, der Baron, ihr bestimmt ein schönes Geschenk."

Anna seufzt. Sie muss stehen bleiben, weil ihr schwindelig ist. Seit ein paar Tagen ist ihr immer übel. Anscheinend hat sie sich den Magen verdorben.

Jost

Jost ist in ihrer Kammer gewesen. Er muss zuvor im Dorfkrug reichlich getrunken haben. Noch nie hat sie ihn so betrunken erlebt. Eben erst ist er gegangen.

Anna weiß nun, dass sie guter Hoffnung ist. Anfangs hat sie sich schlecht gefühlt, hat sich übergeben müssen. Aber es war keine verdorbene Speise. Allmählich beginnt sich ihr Leib zu runden. Sie ist ratlos. Was soll sie tun? An wen soll sie sich wenden?

Als Jost in ihre Kammer kam, hat sie ihn angeschrien: „Lass mich in Ruhe! Ich weiß, dass ich schwanger bin. Ich werde ein uneheliches Kind haben. Von deinem Vater, deinem Bruder oder von dir."

Jost hatte gelacht und gelallt: „Du bist nicht die Erste, die ein lediges Kind kriegt. Wir werden es schon großziehen."

„Großziehen?", hat Anna ratlos gefragt. „Ich will kein lediges Kind haben. Ich will kein unehrliches Kind bekommen."

Da hatte Jost gegrinst und dann mit schwerer Zunge geantwortet: „Was hast du bloß? Ich bin auch unehrlich. Der Schulze ist nämlich nicht mein Vater. Er weiß es aber nicht. Die Mutter hat es mir auf dem Totenbett gesagt. Mein Vater ist ein auswärtiger Tagelöhner gewesen. Er lebt nicht mehr. Ich kenne nicht einmal seinen Namen. Meine Mutter hat ihn gerne gehabt. Macht es was aus, ehrlich oder unehrlich zu sein?"

In Annas Kopf hatte sich alles gedreht. Sie war so erschrocken, dass sie nicht die Kraft hatte, ihn abzuwehren. Sie ließ ihm den Willen und hoffte nur, dass er bald gehen würde.

Nun liegt sie auf dem Strohsack, versucht, ihre Gedanken zu ordnen. Was hatte die Mutter gesagt, als der Schulze sie in seine Dienste nehmen wollte? Die Schulzin hätte den Vater gerne gesehen und ihm immer wieder einmal etwas zugesteckt? Und ... der Vater von Jost sei ein auswärtiger Tagelöhner gewesen, der nicht mehr lebt? Ihr Vater hatte tatsächlich von auswärts in das Dorf geheiratet. Wenn das stimmte – dann – ja, dann war Jost ihr Bruder, ihr Halbbruder! Aber ... konnte das sein? Ihr Vater sollte mit der Schulzin ... ?

Beide, ihr Vater und die Schulzin, sind gestorben. Da kann sie niemanden mehr fragen. Aber die Ähnlichkeit von Jost mit dem Vater, die war nicht zu leugnen. Jost – ihr Bruder? Anna hatte sich immer einen Bruder gewünscht. Aber so einen, der ihr Gewalt antat und sie erniedrigte und dabei einfach erklärte, das sei nun einmal so, weil die Männer einen Bedarf danach hätten ...?

Anna wird es schwindelig. Sie kann sich gerade noch zum Fenster schleppen und den Kopf über die Fensterbank halten. Dann würgt sie alles aus sich heraus.

Eine unerhörte Neuigkeit

Vor der Kirche treffen sich zwei Frauen des Ortes. Beide tragen dunkle Kleidung, haben Kopftücher umgebunden. Es gibt eine unglaubliche Neuigkeit im Dorf. Einen echten Skandal. Das muss man genießen. Die unmittelbar bevorstehende Hochzeit von Klara und Johannes ist gar nichts gegen das, was hier geschehen ist.

„Sie hat den Schulzen bestohlen! Dreiundachtzig alte Silbertaler."

„Dreiundachtzig Silbertaler? Wie kommt sie denn an das Geld?"

„Das sagt sie nicht. Und sie sagt auch nicht, wann sie es gestohlen hat."

„Hat sie es unter dem Strohsack aufbewahrt?"

„Nein, sie hat es in ihrer Truhe gehabt. Dreiundachtzig Silbertaler! Genau die Summe, die der Schulze vermisst hat."

„Das hätte ich der Anna niemals zugetraut."

„Schönheit alleine ist eben keine Gewähr. Seit sie beim Schulzen in Stellung ist, hat sie harte Augen und einen schmalen Mund bekommen. Hast du das wirklich nicht bemerkt?"

„Wie ist es denn herausgekommen?"

„So wie es die Leute erzählen, hat der Schulze etwas bezahlen wollen. Er hat seinen Geldbeutel aufgemacht und nachgezählt. Er wusste genau, wie viel Geld im Beutel war. Da hat er gemerkt, dass Geld fehlte. Gleich hat er sich gedacht, dass nur die Anna das Geld genommen haben könnte. Heimlich hat er ihre Kammer durchsucht. Und dann fand er es in der Truhe im Seitenfach."

„Warum hat Anna das Geld denn nicht versteckt?"

„Sie behauptet, sie hätte die Silbertaler nicht gestohlen. Aber sie sagt auch nicht, woher sie das Geld hat."

„Wo ist das Mädchen denn jetzt?"

„Verschwunden. Aber sie wird schon wieder auftauchen."

„Weiß ihre Mutter davon?"

„Freilich! Der Schulze ist heute früh sofort zu ihr gefahren und hat sie gefragt, ob Anna von ihr etwa dreiundachtzig Silbertaler bekommen hätte."

„Wo sollen in dem Haus denn dreiundachtzig Silbertaler herkommen?"

„Siehst du! Es ist doch klar, dass Anna das Geld aus dem Geldbeutel des Schulzen geholt hat."

„Und trotzdem behauptet sie, dass sie es nicht gestohlen hat?"

„Ja, was soll sie denn sonst sagen?"

„Aber wenn ich an die Mutter denke... Die wird schwer daran zu tragen haben, dass ihre Tochter eine Diebin ist."

„Tagelöhnervolk! Ich verstehe nicht, warum der Schulze gerade die Anna gedingt hat. Es gibt doch Bauernmädchen genug, die ebenso gut bei ihm hätten arbeiten können ... wenn nicht noch besser."

„Da siehst du es wieder! Nur Ärger hat man mit diesen Habenichtsen ..."

Nacht

Der Morgen graut. Anna ist die ganze Nacht im Wald herumgelaufen. Sie darf jetzt keinen Menschen sehen. Immer wieder muss sie daran denken, was gestern geschehen ist.

Sie war mit Onkel Frieder auf dem Feld gewesen. Als sie

zurück auf den Hof gekommen waren, hatte der Schulze sie angeschrien, dass sie eine gemeine Diebin sei. Er werde sie mit Schimpf und Schande vom Hof jagen.

Anna hatte sich gewehrt, hatte gesagt, dass sie ihm kein Geld gestohlen hätte. Da hatte er gebrüllt, er hätte den Beweis. Denn genau die Summe, die in seinem Geldbeutel fehlte, die hätte er in ihrer Truhe gefunden. Dreiundachtzig alte Silbertaler!

Anna hatte zugegeben, dass in ihrer Truhe dreiundachtzig Silbertaler waren. Aber die gehörten ihr. Woher sie die hätte? Darüber wolle sie nicht reden. Er solle den Konrad fragen! Worauf der Schulze außer sich geraten war. Sie solle seinen Sohn nicht mit in ihre Lügen hineinziehen.

Trotzdem hatte er dann den Konrad gerufen und befragt. Anna hätte behauptet, er wüsste, wie sie an die dreiundachtzig Silbertaler gekommen sei. Ob dem so wäre?

Anna hatte gehofft, Konrad würde die Wahrheit sagen, würde zugeben, dass er sich damit Zugang zu ihr verschafft hatte. Sie hatte ihn erwartungsvoll angesehen. Aber Konrad hatte ihrem Blick nicht standhalten können. Kein Wort hatte er gesagt. Auf die drängenden Fragen seines Vaters hin hatte er schließlich bestritten, irgendetwas von dem Geld zu wissen.

Anna hatte ihn vor dem Schulzen zur Rede stellen wollen, war aber sofort barsch unterbrochen worden. Allmählich war ihr klar geworden, dass sich Konrad das Geld aus des Vaters Geldbeutel genommen hatte. Konrad war ein Dieb – nicht sie. Er hatte sie glauben gemacht, er beschenke sie mit seinem eigenen Geld.

Anna hatte schließlich nur noch beteuert, sie habe das Geld nicht gestohlen. Der Schulze war sogleich zu ihrer Mutter gefahren und hatte sie befragt, ob sie von dem Geld wüsste. Die Mutter wusste natürlich nichts davon, wollte auch nicht glauben, dass ihre Tochter einen solchen Diebstahl begangen haben sollte. Aber dann blieb ihr nichts anderes übrig.

Der Schulze war wieder auf den Hof gekommen, hatte Anna zu sich gerufen. „Du kannst deine Sachen packen und gehen“, hatte er gesagt. „Die Truhe bringe ich zu deiner Mutter ins Haus. Lege alles hinein. Dann komm noch einmal zu mir!“

Anna war in ihre Kammer gelaufen. Ihre Kleider lagen in ihrer Truhe. Einige Habseligkeiten legte sie noch dazu. Sie blickte in das Seitenfach und vermisste ihre Goldmünze. Die Goldmünze, die der Baron ihr zur Konfirmation geschenkt hatte. Wo war die geblieben?

Sie ging noch einmal zum Schulzen, wie er ihr befohlen hatte. „Schulze“, fragte sie, „wo ist die Goldmünze?“

„Die Goldmünze? Nun, die hast du mir doch sicherlich auch gestohlen. Wie kannst du so unverschämt sein und überhaupt noch danach fragen!“

„Ich habe Euch kein Geld gestohlen!“

„Schweige mit deinen Lügen! Ich will dir zum Abschied nur noch etwas sagen. – Ich habe dich hier auf den Hof geholt, weil da noch eine alte Rechnung zwischen deinem Vater und mir offen war ... Meine Frau, die Schulzin, hatte ein Auge auf ihn geworfen – er vielleicht auch auf sie. Ob er auch in ihrem Bett gewesen ist, das weiß ich nicht. Dieser Tagelöhner hat mich, den Bauern, damit gedemütigt! Das habe ich ihm an dir wieder heimgezahlt. – Ich war zufrieden mit dir, im Stall und sonst auch. Du hättest hier gut leben können. Aber eine niederträchtige Diebin im Haus zu haben, das geht zu weit! Mit Schimpf und Schande wirst du aus dem Haus gehen. Zur Anzeige werde ich dich nicht bringen, ich habe mein Geld zurück. Aber du bekommst kein Gesindebuch von mir. Und deswegen wirst du auch keine neue Stelle finden. Und nun lass dich nicht mehr blicken. Ich will dich nie wieder sehen!“

Anna war aus dem Haus gegangen und hatte den Weg zur Kate ihrer Mutter eingeschlagen. Sie hatte geklopft, und die Mutter hatte von innen gefragt, wer da sei. Anna hatte ihren Namen genannt. Daraufhin hatte die Mutter gerufen, dass sie keine Tochter hätte, die Anna heißt und eine Diebin sei. Sie solle sich fortscheren!

Anna hatte versucht, der Mutter alles zu erklären ... Aber die Mutter hatte nicht auf sie gehört. So war Anna zur Burgruine hinaufgestiegen und dort herumgelaufen. Wie sehr hatte sie gegen die Versuchung ankämpfen müssen, auf den Turm zu steigen und sich hinabzustürzen. Aber sie wollte doch leben. Ja, leben! Aber wie leben? Plötzlich hatte sie daran denken müssen, dass sie ja auch Leben unter ihrem Herzen trug. Leben, das sie nicht haben wollte, das aber nicht danach gefragt hatte, ob es gewollt war oder nicht.

In der Morgendämmerung ist Anna noch immer im Wald.

Mit dem werdenden Licht des Tages wird es auch heller in ihr. Sie will leben. Sie wird das unehrliche Kind bekommen. Irgendwo muss sie sich verdingen, weil sie zu Hause keine Bleibe hat.

Wer nur könnte ihr helfen, ein neues Leben anzufangen?

Klara? Nein, Klara scheidet aus. Die heiratet übermorgen. – Ihre Mutter? Nein! – Johannes? Der heiratet Klara. Wie könnte der ihr helfen? – Der Pfarrer? Vielleicht.

Hilfe für Anna ist schon unterwegs. Auf dem Rückweg begegnet ihr der Förster, Klaras Vater. Anna senkt den Blick und will an ihm vorbeihuschen. Aber er verstellt ihr den Weg.

„Ist es wahr, Anna, was man sagt? Du sollst den Schulzen bestohlen haben?“

Anna schüttelt den Kopf und sieht ihn an. „Alles sieht danach aus, als hätte ich das getan. Aber ich habe es nicht getan.“

„Ich glaube dir, Anna, aber das musst du nun beweisen. Du musst nachweisen, woher du das Geld hast.“

„Herr Förster, das geht nicht, das ... ist unmöglich. Aber ich habe nicht gestohlen.“

„Kind, hast du am Ende das Geld auf andere Art unrechtmäßig erworben?“

„Ich kann darüber nicht reden, Herr Förster.“

„Gut, Anna, vielleicht klärt sich das ja später alles auf. Etwas anderes: Ich frage mich, wo du arbeiten willst.“

„Ich darf das Haus des Schulzen nicht mehr betreten, Herr Förster. Und meine Mutter will mich auch nicht wieder aufnehmen. Ich weiß nicht, wohin ...“

„Vielleicht kann ich dir Arbeit verschaffen, Anna. Zuerst musst du aber zurück zu deiner Mutter gehen. Ich will mit ihr reden. Dann wird sie dich schon wieder aufnehmen.“

„Ich danke Euch, Herr Förster.“

„Und bis ich mit deiner Mutter geredet habe, bleibst du hier in der Waldhütte. In meinem Haus geht alles drunter und drüber wegen Klaras Hochzeit. Deshalb ist es wohl besser für dich, wenn du hier wartest, bis ich von deiner Mutter zurückkomme.“

„Ich danke Euch, Herr Förster.“

Der Förster

Wieder sitzt der Förster in der Waldhütte Anna gegenüber. Er ist soeben von Annas Mutter zurückgekehrt. Lange, sehr lange ist er weggeblieben. Doch dann hat er die Hütte betreten, und Anna hat es sofort gesehen, dass er tief erschüttert ist. Umständlich nimmt er Platz, räuspert sich, schweigt. Endlich schaut er Anna an und sagt: „Anna, es ist schlimmer, als du dir vorstellen kannst."

„Ich habe es mir gedacht. Meine Mutter wird mich verstoßen."

„Nein, Anna, deine Mutter kann dich nicht mehr verstoßen, denn sie ... sie lebt nicht mehr."

„Sie ... lebt ... nicht mehr?"

„Deine Mutter hat sich das Leben genommen."

„Das nicht!", schreit Anna auf. „Alles, aber das nicht! Sie mag mich verstoßen, nie mehr mit mir reden, aber nicht das!"

Stotternd, zögernd beginnt der Förster zu berichten. „Anna, ich kam zum Haus deiner Mutter und klopfte und rief, aber niemand antwortete. Ich fand die Tür unverschlossen, da trat ich ein. Aber deine Mutter war nicht im Haus. Ich ging hinter das Haus, suchte im Holzschuppen. Und dort fand ich sie. Deine Mutter hatte sich erhängt. Alles habe ich versucht, um sie zu retten. Vergebens! Sie war schon tot. Dann bin ich zum Pfarrer und zum Schulzen gegangen. Beim Schreiner habe ich die Totenlade bestellt. Morgen wird sie fertig sein. Und morgen Abend beim Nachtläuten kann deine Mutter am Zaun des Gottesackers begraben werden."

Der Förster schweigt.

Anna schluchzt, ist nicht zu beruhigen.

„Warum hat sie das getan? Warum hat sie mich nicht angehört? Ich hätte ihr doch sagen können, wie es wirklich gewesen ist. Ich habe keine Schande über sie gebracht."

Der Förster sieht Anna ernst, aber mitfühlend an. „Willst du mir nicht sagen, was sich wirklich zugetragen hat? Vielleicht kann ich doch etwas für dich tun."

„Ihr seid so gut zu mir, Herr Förster. Aber warum soll ich jetzt noch darüber sprechen? Jetzt ist doch alles zu spät. Aber was ich Euch noch anvertrauen möchte: Ich bekomme ein Kind."

Der Förster seufzt: „So kann ich gar nichts mehr für dich tun. Anna. Man wird dich als Diebin verurteilen, wird dir die Schuld am Tod deiner Mutter geben und dich obendrein Hure nennen. Ich sehe nur eine Möglichkeit für dich: Gehe zurück in das Haus deiner Mutter! Versuche, das Gütlein zu bewirtschaften. Vielleicht kannst du auch alles verkaufen und nach Amerika gehen."

„Ich kann nicht in das Haus meiner Mutter zurück", wehrt Anna erschrocken ab. „Dort, wo sie sich das Leben genommen hat!"

„Aber es gibt keine andere Möglichkeit für dich. Bleibe hier in dieser Hütte. Ich will dir ein paar Decken bringen und auch etwas zum Essen. Die Waldarbeiter werde ich auf die andere Seite des Berges schicken, sodass dich heute und morgen niemand hier findet. Bleibe hier – bis zum Begräbnis deiner Mutter. Dann bringe ich dich zurück in ihr Haus. Etwas anderes kann ich dir nicht vorschlagen. Könntest du dich damit abfinden?"

Anna stammelt nur: „Ja, Herr Förster, ich will alles so tun, wie Ihr es sagt."

„Gut dann, Anna! Ich möchte dir aber den Pfarrer schicken. Vielleicht kannst du dich entschließen, ihm den wahren Hergang zu erzählen, wie du zu dem Geld gekommen bist."

Anna nickt nur, als der Förster die Waldhütte verlässt.

Der Pfarrer

Gerade eben verlässt der Pfarrer die Waldhütte. Mehrere Stunden lang hat er mit Anna gesprochen. Niemand hat jemals erfahren, ob Anna ihm ihre Geschichte im Hause des Schulzen erzählt hat. Einiges deutet darauf hin, dass der Pfarrer die Wahrheit wusste. Denn im Gegensatz zu den übrigen Dorfbewohnern hat er Anna in den folgenden Jahren immer höflich und freundlich behandelt. Später hat er auch seine Frau zu Anna geschickt, um ihr in ihrer schweren Stunde zu helfen, als die Hebamme des Ortes sich weigerte, der Muttermörderin bei der Niederkunft Beistand zu leisten. Und doch: Er hat nichts getan, um Annas Schuldlosigkeit unter Beweis zu stellen. Hatte er Angst vor dem mächtigen Schulzen? Vielleicht betrachtete er dieses Geld als Hurengeld und alles, was aus dieser Hurensünde folgte, als die gerechte Strafe Gottes? Aber auch das ist ungewiss. Möglicherweise hatte Anna auch nicht alles gesagt, sodass der Pfarrer im Zweifel bleiben musste, ob Anna als schuldig anzusehen war oder nicht.

Die Beerdigung der Mutter

Anna hat schwarze Kleider angezogen und das Gesicht mit einem schwarzen Tuch verhängt. Heute beim Nachtläuten wird ihre Mutter begraben. Sie folgt als Einzige dem Sarg auf dem dunklen Wagen mit dem trauerflorbehangenen Pferd. Ein Mensch, der Hand an sich gelegt hat, ist von Gott verflucht. Ihm gibt niemand das letzte Geleit.

Anna merkt, dass sich die Gardinen bewegen, als sie die Dorfstraße passieren. Versteckt beobachten die Dorfbewohner, was da geschieht. Einige schwarz gekleidete Frauen schließen sich dann Anna doch an. Jede hält gebührenden Abstand. Keine will mit ihr reden. Noch ahnt Anna nicht, was es bedeutet, ausgestoßen von der dörflichen Gemeinschaft zu leben. Sie ist wie betäubt.

Als sich der Zug dem Friedhof naht, fällt ihr ein, dass die Mutter kein Reihengrab erhalten wird, sondern an der Friedhofsmauer seitlich einen Platz zugewiesen bekommen hat. Der Pfarrer wird – wie bei Selbstmördern oder Selbstmörderinnen üblich – nur ein Vaterunser am offenen Grab beten lassen, während das Glöcklein zur Nacht läutet.

Tränenlos stolpert Anna hinter dem Sarg her auf den Friedhof. Sie nimmt kaum wahr, dass vier Männer den Sarg vom Wagen heben und an Stricken in die Erde lassen. Erst als eine Nachbarin ihr „du Muttermörderin!“ ins Gesicht zischt, kommt Anna zur Besinnung. Weinen kann sie erst, als der Totengräber beginnt, das Grab zuzuschaufeln.

„Ich muss mit Lisa sprechen. Sie kann mir vielleicht helfen. Lisa kennt mich und vertraut mir."

Anna versucht, Lisa irgendwo allein zu treffen. Aber das ist schwierig, denn Lisa hat nun auf dem Hof viel mehr Arbeit, nachdem Anna dort nicht mehr arbeitet.

Es gelingt Anna nach einigen Tagen, Lisa auf einem Feldweg in den Weg zu treten. Lisa ist mit einer Hacke unterwegs und will offensichtlich Kartoffeln häckeln.

Lisa ist sehr erschrocken, als sie Anna plötzlich auf sich zukommen sieht.

„Lisa!", bittet Anna.

Lisa macht ein abweisendes Gesicht. „Was willst du von mir?", fragt sie.

„Ich muss mit dir sprechen. Ich will dir sagen, was wirklich geschehen ist", schreit Anna.

„Das weiß ich", gibt Lisa barsch zur Antwort. „Du hast deine Herrschaft bestohlen. Und damit deine Mutter in den Tod getrieben, die arme Katharina."

„Das ist doch alles nicht wahr", schluchzt Anna auf. „Kannst nicht wenigstens du mich einmal anhören?"

„Mit Geheule machst du nichts wieder gut. Wer seinen Dienstherrn bestiehlt, muss ins Gefängnis. Sei froh und dankbar, dass der Schulze nicht vor Gericht geht. Und nun lass mich an die Arbeit. Mit so einer wie dir will ich nichts zu tun haben."

Anna schreit: „Warum glaubst du mir nicht? Ich habe das Geld nicht gestohlen."

„Willst du mir weismachen, der Schulze hätte es am Ende selbst in deine Truhe gelegt?", ruft Lisa aufgebracht.

„Nein, Lisa!"

„Dann lass mich in Ruhe! Was willst du denn noch? Du hättest vorher überlegen müssen, was du dir einbrockst. Nun sieh zu, wie du damit fertig wirst!"

„Aber Lisa, wir beide haben uns doch so gut verstanden. Willst du mich nicht wenigstens anhören?"

„Das ist es ja: Ich habe mich in dir schrecklich getäuscht. Ich habe dich für ordentlich und anständig gehalten, wie deine Mutter. Eigentlich kommst du aus einem guten Stall. Dein Vater, na ja... ! Das verzeihe ich mir nicht. Ich bin so alt geworden und kann mich immer noch täuschen lassen."

„Ich habe dich doch nicht getäuscht, Lisa."

„Alles Reden nützt nichts. Spar dir deine Worte, Anna! Geh deiner Wege und lass mich zufrieden. Ein für alle Mal!"

Entschlossen geht Lisa an Anna vorbei, ohne sich noch einmal umzusehen.

Reglos bleibt Anna auf dem Weg stehen. Plötzlich fällt ihr ein, was die Godel zu ihr gesagt hat: „Du wirst die schreckliche Einsamkeit kennen lernen."

Das ist sie wohl, die schreckliche Einsamkeit! Jetzt hat Anna keinen Menschen mehr, der ihr nahe ist. So muss das wohl sein, wenn man von aller Welt verlassen ist. Kann sie da noch weiterleben? Wäre es nicht das Beste, sich im Schuppen an derselben Stelle aufzuknüpfen, an der die Mutter sich das Leben genommen hat? Wieder einmal ist dieser Gedanke da. Doch jetzt – in diesem Augenblick zuckt das neue Leben in ihrem Leib, so als wollte es sich gegen diese bösen Überlegungen entschlossen zur Wehr setzen.

„Ich trage ein Kind", sagt Anna leise vor sich hin. „Ein Kind von denen dort. Aber es ist auch mein Kind. Ich bin ja gar nicht ganz allein auf der Welt. Da ist das Kind, das ich haben werde." Sie lächelt. „Godel, deine schreckliche Einsamkeit brauche ich nicht zu erleben. Ich habe einen Menschen: mein Kind!"

Stolz, fast feierlich, schreitet Anna zurück zu ihrer Kate.

Unverhoffter Besuch

Kirmes ist im Dorf. Anna hört den fröhlichen Lärm. Sie wird nicht hingehen. Ohne Gesindebuch, ohne Arbeit, als Muttermörderin und Diebin geächtet, gibt es keine Feste mehr für sie. Sie weiß, dass sie verstoßen ist, dass niemand im Dorf mit ihr reden wird.

Soll sie fortgehen, nach Amerika? So wie sie es schon öfter geplant hat? Aber jetzt ist sie guter Hoffnung. Vielleicht kann sie in diesem Zustand eine Schiffsreise nicht gut überstehen. Und dann ... mittellos dort zu sein, die Sprache nicht zu kennen, und dazu noch einen Säugling? Nein, vorerst wird sie bleiben. Irgendwie fühlt sie auch Trotz in sich. Trotz und Stolz! Sie ist keine Hure, keine Diebin und keine Muttermörderin. Niemand hat das Recht, sie zu verurteilen.

Der Kirmeslärm wird lauter. Sie hört, dass Lieder gegrölt werden. Und dann hört sie, dass Burschen und Mädchen immer näher an ihre Kate kommen. Noch ehe sie begriffen hat, was geschieht, fliegen Steine durch die Fensterscheiben. „Diebin!" – „Muttermörderin!" – „Die Herrschaft hast du bestohlen!" – „Mach dich hier weg! Raus aus unserem Dorf!"

So rufen die jungen Leute. Das Schreien nimmt zu. Immer mehr Steine fliegen an ihr Haus. Anna verriegelt die

Tür. Ein Bursche tritt mit aller Kraft dagegen. An der Stimme erkennt sie Albrecht, den Knecht aus dem Waldeckischen. Die Spinnstube ...

Sie hört, was er ruft: „Du eingebildete Hure, du! Stolz und hochnäsig! Aber Hochmut kommt vor dem Fall! Wolltest von keinem was wissen. Wolltest was Besseres sein! Dabei bist du eine niederträchtige Verbrecherin! Pack dich, du Hurenmensch!“

Fenster klirren. Scheiben gehen zu Bruch. Anna weicht in den hinteren Teil der Stube zurück. Sie kann nicht klar denken. Soll sie ihnen entgegentreten, soll sie um ihr Haus kämpfen, soll sie fliehen?

Noch während sie zaudert, erscheint der alte Förster, Klaras Vater. Mit energischen Worten vertreibt er die angetrunkenen Burschen und Mädchen. Nachdem die randalierende Horde abgezogen ist, klopft er an Annas Tür. „Anna, sie sind fort!“

Anna öffnet ihm zögernd. „Sie wollen mich forthaben. Ich soll weg.“

„Das werden sie wohl nicht wieder tun. Wenn das bekannt wird, dürfen sie im nächsten Jahr keine Kirmes halten.“

„Ich gehe nicht weg“, sagt Anna fest. „Jetzt bleibe ich erst recht!“ Die eingeschlagenen Scheiben verschließt sie mit Pappkartonstücken.

Schäbern

Gras für die Kuh ist immer knapp. Anna will so spät wie möglich anfangen, Heu zu verfüttern. Deswegen geht sie mit dem großen Korb und der Sichel „schäbern“.

Entlang der Feldwege sucht sie Grasbüschel und Feldunkräuter, die sie mit der Sichel abschneidet. Auch am Waldrand findet sie Kräuter, die sie der Kuh in die Krippe werfen kann. Außerdem streift sie Blätter von den niedrigen Zweigen der Bäume. Alles sammelt sie in ihrem Korb, den sie hinter sich herschleift.

Katharina, der sie inzwischen das Leben geschenkt hat, liegt dabei immer obenauf. Manchmal hat sie Glück, wenn ein Bauer etwas Grünfutter von seinem Wagen verliert. Anna holt auch die sauren Gräser, die am Bach wachsen, obwohl die Kuh solches Futter nur ungern frisst. Nichts, kein einziges „Unkraut" weit und breit, das Anna nicht für ihre Kuh holt.

Im Sommer sucht sie Walderdbeeren, später Himbeeren, Heidelbeeren, Brombeeren und Pilze. Sie liest dürres Holz auf und schleppt es heim oder zieht es auf dem Karren nach Hause. Immer wieder drückt der Förster ein Auge zu. Niemals hat er Anna Gebühren abgenommen. Im Winter wirft er ihr sogar einige Scheite Brennholz vor die Türe. Anna dankt ihm, aber er winkt ab. „Hast du eine Säge?", fragt er. Als Anna nickt, meint er: „Dann ist es ja gut!"

Rückblick

Ein Jahr ist vergangen. Anna arbeitet in ihrem Garten. Neben ihr liegt ihre kleine Tochter auf einer Decke am Boden. Anna hat viel Zeit, sich Gedanken zu machen, denn nur ganz selten spricht jemand mit ihr. Abweisend und unfreundlich ist Anna geworden.

„Das ist das schlechte Gewissen", sagen die Leute.

Anna ist klug genug zu wissen, dass sich daran niemals etwas ändern wird. Ausgestoßen ist und bleibt sie. Am schlimmsten aber ist, dass auch ihre Tochter niemals von den Leuten des Dorfes anerkannt werden wird. Alle haben sich von ihr zurückgezogen. Selbst Klara und Johannes gehen ihr aus dem Weg. Nur der Förster sieht nicht weg, wenn sie vorbeigeht. Er ist der Einzige, der sie anspricht. Auch der Pfarrer meidet sie nicht, er scheint aber etwas darüber verärgert zu sein, dass Anna niemals in die Kirche geht. Auch dass sie darauf bestanden hat, ihre Tochter ohne Taufpaten taufen zu lassen, hat den Pfarrer gekränkt. Die Kleine hat den Namen Katharina erhalten – so wie ihre Großmutter hieß.

Anna rackert sich ab auf dem winzigen, kargen Stück Ackerland, das ihr gehört. Zum Glück ist ihre Kuh kräftig und gibt etwas Milch, obwohl sie auf dem Feld arbeiten muss. Anna arbeitet als Tagelöhnerin in dem hugenottischen Nachbardorf, wo man sie zwar auch nicht anredet, ihr aber doch Arbeit gibt. Dort erwirbt sie auch ein Ferkel, und von dort kommt der Hausmetzger, der ihr Schwein schlachtet. Und dort darf sie auch ihre Brote mit in den Backofen schieben.

Geächtet und gemieden, lebt Anna am Rande des Dorfes. Dennoch! Irgendwie ist sie fast stolz darauf, so geächtet zu sein. Sie weiß vor sich selbst, dass sie ein Opfer dieser Gesellschaft ist, ein Opfer, das der mächtigste Mann des Dorfes und seine Söhne ihr auferlegt haben. Sie fühlt auch, dass jede Gruppe von Menschen solche Opfer wie sie braucht, um selbst bestehen zu können. Wer die Ausgestoßenen sieht, kann sich jedes Mal freuen, dass er nicht ausgestoßen ist, dass er zu der Gruppe gehört.

Anna pflanzt, häufelt und erntet ihre Kartoffeln alleine, sie hat einige handtuchgroße Äcker, auf denen sie Brotgetreide und Hühnerfutter anbaut. Sie hat einen großen Gemüsegarten. Sie richtet sich ein, möglichst wenig von anderen Menschen abhängig zu sein. Dabei singt sie mit ihrer kleinen Tochter, spricht und lacht viel mit ihr. Ihre Tochter, ein Grund ihres Unglücks, ist ihr ganzes Glück.

Markt

„Henner, kannst du für mich Strümpfe mit auf den Markt nehmen?" Anna pocht das Herz bis zum Halse, als sie Henner anspricht, dem sie auf der Straße nach Kassel aufgelauert hat.

Henner bleibt stumm, Anna muss ihre Frage wiederholen. Schließlich sagt er: „Ich würde es schon machen, Anna! Aber wenn ich für dich Strümpfe mitnehme und der Schulze das gewahr wird, dann bin ich erledigt. Dann kriege ich von ihm nichts mehr. Er hat mir eingeschärft, mit dir kein einziges Wort zu reden – und schon gar nichts von dir mit auf den Markt zu nehmen. Du sollst von hier fortgehen. Das will er erreichen. Und das wäre ja wohl auch das Beste für dich. Aber etwas auf den Markt für dich mitnehmen, das kann ich nicht. Tut mir Leid. Und überhaupt ... sprich mich nicht mehr an, Anna. Das macht mir nur Schwierigkeiten."

Henner geht seiner Wege, lässt sie stehen. Anna blickt ihm nach, die Strümpfe in der Hand. „Der Schulze will, dass ich fortgehe", denkt sie, „aber das werde ich nicht tun. Wo soll ich hin? So einfach soll er es nicht haben. Er will mich doch nur forthaben, weil ich ihn an sein Unrecht erinnere, ich und Katharina!“

Während sie zu ihrer Kate zurückgeht, fasst sie einen Entschluss: Sie wird selbst nach Kassel auf den Markt gehen und ihre Strümpfe verkaufen. Vielleicht kann sie auch sonst noch etwas anbieten: Beeren, Pilze oder vielleicht ... vielleicht sollte sie selbst Käse machen, den sie dort verkaufen könnte. Sie könnte ihren Bollerwagen nehmen, Katharina daraufsetzen und sie ziehen. Dann müsste sie allerdings einen Tag früher losgehen und irgendwo übernachten. Das macht ihr Angst. Aber sie wird Decken mitnehmen und abends in irgendeiner Scheune unterkriechen. Brot lässt sich mitnehmen, und Wasser zum Trinken findet sich überall.

Anna beißt die Zähne zusammen. Sie wird sich nicht unterkriegen lassen, sie wird kämpfen. Sie ist jung und will leben. Und sie wird es schaffen.

Anna bereitet sich gut vor auf ihren Gang zum Markt nach Kassel. Obwohl sie noch nie in Kassel gewesen ist, kennt sie den Weg dorthin. „Ich muss die Kuh melken und versorgen, das Schwein füttern, den Hühnern Körner hinstellen, dass es bis morgen Abend reicht“, denkt sie. „Eher bin ich bestimmt nicht zurück.“

Sie bindet ein Kissen auf den Bollerwagen, damit Katharina weich sitzen kann. Außerdem bindet sie einen großen Korb auf dem Wagen fest. Darin verstaut sie einige Krautköpfe aus dem Garten, mehrere Näpfchen mit frischen Waldbeeren, einige selbst gemachte Handkäse, ihre Strümpfe und schließlich in einem besonderen Korb zwei junge Hähne, die sie aufgezogen hat und bei ihren Hühnern nicht mehr brauchen kann. Außerdem hat sie Brot dabei und Decken.

Am späten Nachmittag macht sie sich auf den Weg nach Kassel. Zuerst muss Katharina noch ein Stück laufen. Dann beginnt die Kleine zu klagen: „Meine Füße tun weh!“ Anna setzt sie auf das Kissen auf dem Wagen. Mit dem Rücken lehnt sie sich an den Korb. „Halte dich gut fest!“ Und so geht Anna zum ersten Mal den Weg in die Stadt.

Im letzten Dorf, fast an der Stadtgrenze, macht sie halt. Es ist inzwischen fast dunkel. „Hier müsste ich irgendwo über Nacht bleiben“, denkt sie. Ein Mann auf der Straße könnte ihr vielleicht weiterhelfen. Katharina kann sich kaum noch wach halten, quengelt müde vor sich hin. Das jammernde Kind lässt Anna alle Scheu vergessen.

„Wo kann ich hier übernachten? Es braucht nur eine Scheune zu sein?“, fragt sie.

„Na, kommt meinetwegen mit zu uns. Mein Herr wird nichts dagegen haben, wenn Ihr in der Scheune übernachtet. Habt Ihr Essen mit?“

„Ja“, beeilt sich Anna zu sagen, „und Decken auch.“

„Dann macht, dass Ihr in die Scheune kommt, bevor es vollkommen Nacht ist. Ihr dürft auf keinen Fall ein Feuer anzünden.“

„Danke“, stammelt Anna, „ich gehe morgen früh beizeiten weiter.“

„Das weiß ich“, sagt der Mann. „Dass Ihr nach Kassel zum Markt wollt, ist nicht schwer zu erkennen. Da will ich Euch einen guten Rat geben: Was Ihr auf dem Markt nicht verkaufen könnt, das bringt in die Garnisonsküche. Dort wird fast alles abgenommen. Seit in Kassel die große Garnison ist, brauchen sie dort viele Lebensmittel.“

„Danke, danke ...“ Anna kann die Freundlichkeit kaum fassen. „Ich ... ich ... wie finde ich dort die Garnisonsküche?“

„Fragt einfach danach! Jedes Kind kann Euch den Weg zeigen."

Der Mann öffnet Anna einen Flügel des Scheunentors, nachdem er den kläffenden Hofhund zurechtgewiesen hat. Anna schlüpft hinein und macht für Katharina und sich ein Lager aus Stroh. Den Bollerwagen stellt sie dicht neben sich. Es dauert einige Zeit, bis sie einschlafen kann. Die ruhigen Atemzüge ihres Kindes neben ihr geben ihr Mut. „Wir zwei schaffen das schon, mein Trinchen", flüstert sie ihrer Tochter ins Ohr.

Vor Tau und Tag ist Anna auf. Sie weckt die Kleine, gibt ihr ein Stück Brot in die Hand. Sie traut sich nicht, Wasser aus dem Ziehbrunnen im Hof zu holen, weil der Kettenhund wie wild anschlägt. So schnell sie kann, strebt sie auf die Stadt zu, die im dämmrigen Morgennebel vor ihr liegt. Den Weg zum Marktplatz braucht sie nicht zu erfragen. Sie ist wirklich nicht die Einzige, die dorthin unterwegs ist. Viele mit Körben und Säcken beladene Frauen, aber auch Männer mit Handkörben und Handwagen haben offensichtlich dasselbe Ziel.

Einige Leute haben Hunde als Zugtiere vor kleine Karren gespannt.

Der Marktplatz in Kassel bietet Raum für alle. Hunderte von Anbietern, so erscheint es Anna, packen ihre Ware aus. Anna fügt sich in eine Reihe ein, stellt den Wagen ab und legt ihre Waren aus. Die Kohlköpfe legt sie hinter die appetitlich lachenden Käse, stellt die Näpfchen mit Waldbeeren so auf, dass sie die Leute zum Kaufen reizen, und postiert den Korb mit den beiden jungen Hähnen so, dass Kunden durch den locker geflochtenen Deckel einen Blick hineinwerfen können. Schade, dass sie keinen Schemel mitgenommen hat! So muss sie den ganzen Tag über stehen, während alle anderen Anbieter sich bequem setzen können.

Anna hat keine Ahnung, was sie für ihre Ware verlangen kann. Hilfe suchend wendet sie sich an eine Nachbarin. „Wie teuer verkauft Ihr Euren Käse, Nachbarin?"

Die guckt sie missbilligend an und knurrt: „Was geht dich das an? Mach deine Preise selbst! Was willst du überhaupt hier? Ich habe dich noch nie hier gesehen."

Anna hat so viel Unfreundlichkeit nicht erwartet, schluckt mehrmals. Schließlich nimmt sie die durstige und weinende Katharina auf den Arm, geht zur Nachbarin auf der anderen Seite hinüber, einer stämmigen Frau. „Ich weiß nicht, welche Preise ich hier nehmen kann. Könnt Ihr mir helfen?"

Die Nachbarin schaut sie aufmerksam an und fragt: „Mädchen, bist du zum ersten Mal hier?"

„Ja", nickt Anna. „Ich weiß nicht, wie es auf dem Markt hier abläuft."

„Man darf hier nichts vor sieben Uhr morgens verkaufen. Und mittags Schlag eins ist Schluss. Wenn du dich daran hältst, Mädchen, dann bekommst du keine Strafe. Und deine Preise? Lass mich mal sehen ... Käse? Ganz ordentlich! Zwanzig Pfennig für das Stück, kannst dann auf fünfzehn nachlassen. Die Beeren? Kannst auch zwanzig Pfennig verlangen. Die Krautköpfe?" Sie wiegt sie in der Hand. „Zehn Pfennige für jeden. Ach, die zwei Gockel? Da kannst du für jeden zwei Mark nehmen. Die sind ja kräftige Tiere."

„Danke Euch", seufzt Anna. „Was meint Ihr, ist das alles zu verkaufen?"

„Ich denke schon, Mädchen. Die Fabriken haben viel Arbeit. Hier in Kassel wohnen jetzt sehr viele Leute. Die brauchen viel. Es kommt nicht oft vor, dass Marktleute ihr Zeug wieder mit nach Hause nehmen müssen."

Katharina jammert.

„Was hat die Kleine?“, fragt die stämmige Marktfrau.

„Sie ist durstig. Wir haben heute Morgen noch kein Wasser getrunken.“

„Dann trinkt hier aus meinem Krug. Ich habe kalten Kaffee drin.“

Katharina trinkt gierig. Auch Anna nimmt ein paar Schlucke.

Um Viertel vor sieben füllt sich der Markt mit kauflustigen Leuten. Viele gehen durch die Reihen, um sich kundig zu machen, welche Waren zu welchem Preis angeboten werden. Anna muss ihre Preise häufig nennen – aber die Kunden gehen weiter. „Nichts verkaufen!“, raunt ihr die Nachbarin zu.

Als die Glocke sieben Uhr schlägt, kommen sofort interessierte Kunden und wollen kaufen. Anna merkt, dass jeder auch handeln will. Bei der Nachbarin lauscht sie ab, wie sie vorgehen muss: einen höheren Preis nennen und dann im Preis etwas nachlassen.

Die beiden Hähne verkauft sie zu einem guten Preis; der Käufer, ein Mann in mittleren Jahren, bittet sie darum, ihr den Transportkorb zu lassen, um darin die Tiere nach Hause zu bringen. Unerfahren, wie Anna ist, glaubt sie den Worten des Mannes, dass er ihr den Korb bald zurückbringen wird. Den Korb sieht sie nicht wieder.

„Das ist Lehrgeld“, sagt die stämmige Nachbarin, als Anna ihr Leid klagt. „Der Mann hat gleich gemerkt, dass du unerfahren bist, Kind. Das hat er ausgenutzt. In Zukunft lässt du dir ein Angeld geben. Dann bist du sicher, dass er wirklich wiederkommt. Er soll dann einen Korb holen. Auf irgendwelche Versprechungen darfst du nicht hören.“

Am Marktschluss hat Anna alles verkauft. Für fünf Pfennig kauft sie ihrer Tochter vorher noch einen süßen Wecken als Belohnung dafür, dass sie so brav durchgehalten hat. Auch das Paar Strümpfe konnte Anna an den Mann bringen. Schräg gegenüber vom Rathaus konnte sie sofort neue Strumpfwolle kaufen.

Auf dem Heimweg schläft Katharina ein. Anna setzt sie in den leeren Korb, der noch immer auf dem Wagen befestigt ist, und deckt sie zu. Die Kleine schläft fast während des gesamten Heimweges. Anna ist zufrieden, obwohl sie den Korb verloren hat. Doch nun werden ihr die Beine schwer. Sie muss immer wieder mal stehen bleiben und ausruhen. Aber sie lacht, wenn sie an den vergangenen Vormittag denkt. Als der Marktmeister vor ihr stand, wusste sie zuerst gar nicht, was er wollte. Er wartete, aber Anna schaute ihn nur fragend an. Da wurde die Nachbarin aufmerksam und raunte ihr zu: „Zahlen, Kind! Zehn Pfennig! Das ist die Marktgebühr für uns Bauersleute!" Da erst hatte Anna begriffen.

„Wie gut, dass der Marktmeister nicht gleich frühmorgens zu mir gekommen ist. Da hätte ich überhaupt nicht bezahlen können."

Daheim brüllt die Kuh. Sie muss sofort gemolken werden. Das Schwein quiekt vor Hunger. Anna versorgt ihr Vieh, gibt Katharina zu essen und sinkt dann auf ihr Bett. Sie ist zu müde, um noch etwas zu essen. Aber noch beim Einschlafen murmelt sie: „Vier Mark und fünfundneunzig Pfennig!"

Am nächsten Morgen stellt sie fest, dass sie in ihren Kleidern geschlafen hat. Aber sie weiß auch: Sie wird so oft wie möglich zum Markt gehen, um dort alles zu verkaufen, was sie irgend anbieten kann. „Das ist der Weg, wie ich zurechtkommen kann! Wenn mich hier niemand als Tagelöhnerin haben will, dann gehe ich zum Markt und verkaufe Strümpfe."

Der Tod des Schulzen

Das Kind im Garten ist inzwischen fünf Jahre alt. Anna scheint sich nicht verändert zu haben. Vor einigen Tagen hat die Totenglocke geläutet. Aber Anna wusste nicht, für wen die Glocke ihre traurige Stimme ertönen lassen musste. Auf Umwegen über das Dorf der Hugenotten hat sie es doch erfahren: Der Schulze ist im Faselstall vom Gemeindebullen getötet worden.

Als Anna die Nachricht verstanden hat, schlägt sie die Hände über dem Kopf zusammen. Was sie jahrelang schon in ihren Alpträumen gesehen hat, es hat sich erfüllt. Genau das wusste sie schon seit Jahren. Dutzende Male schon hat sie es mit angesehen, wie der wilde Stier dem Schulzen das Gehörn in den Bauch sticht.

Wirklich wie in ihrem bösen Traum ist es gewesen. Der Schulze hatte eine Kuh in den Faselstall gebracht. Der Bulle, der an sich schon sehr unruhig gewesen war, hatte den Schulzen angegriffen, nachdem der unvorsichtigerweise in seinen Stall gegangen war. Dick und unbeholfen, wie der Schulze war, hatte er sich nicht in Sicherheit bringen können, und das aufgeregte Tier hatte dem Schulzen die Hörner in den Leib gebohrt. Noch im Stall war der Schulze gestorben.

Jetzt ruft die Glocke die Menschen zum Gebet für den Verstorbenen, dessen Totenlade sich gerade in diesem

Augenblick in die Erde senkt. Anna hört es. „Für ihn bete ich kein Vaterunser“, denkt sie. „Gott wird das verstehen. Für ihn nicht.“

Ekel steigt wieder in ihr auf, als sie an den Augenblick denken muss, in dem er voller Gier nach ihr greift. Dann aber fällt ihr ein, dass dieser Mann ja der Vater ihrer Tochter sein könnte, ihrer Tochter, die sie von Herzen liebt. Und sie betet das Vaterunser.

Zaungast

Die Sonne ist schon gesunken. Anna arbeitet noch in ihrem Gemüsebeet. Sie liest Raupen von den Kohlpflanzen. Viel hat sie angebaut, um viele Kohlköpfe auf dem Markt in Kassel verkaufen zu können.

Plötzlich hört sie ein leises Rufen. Erschrocken richtet sie sich auf. Das war eine bekannte Stimme. Sie hat sich nicht getäuscht: Jost steht am Zaun. Offensichtlich ist er aus dem Wald gekommen, damit man ihn vom Dorf aus nicht sehen kann.

„Anna!“, ruft Jost.

„Was willst du?“, fragt Anna.

Jost lacht und scharrt mit einem Fuß auf dem Boden herum.

„Was ich will? Dich! Dich will ich!“ Er zeichnet mit dem Fuß wieder Bilder in den Staub am Zaun.

„Mich willst du?“, fragt Anna. „Hast du mich nicht oft genug gehabt? Geh und lass mich zufrieden. Mich ekelt vor dir.“

„Schau, Anna, ich kann mir denken, dass du jetzt nur

wenig Geld hast. Und für das Kind brauchst du doch auch Geld. Es soll dich nicht gereuen."

Das ist mein Bruder, denkt Anna. Aber er weiß es nicht. Und vielleicht ist er sogar der Vater von Katharina. Aber das werden beide nicht erfahren.

„Komm, es sieht uns niemand. Lass mich wieder zu dir ins Bett. Ich habe Geld."

Er ist ein Schuft, denkt Anna. Er besitzt die Frechheit, hierher zu kommen und mir Geld anzubieten, um in mein Bett zu steigen. Davon will ich mein Leben lang nichts mehr wissen. Etwas Ekelhafteres kann ich mir nicht vorstellen.

Anna geht auf ihn zu. Nur der Zaun trennt beide voneinander. Jetzt merkt Anna, dass er Schnaps getrunken haben muss. „Merk dir das, Jost! Selbst wenn ich verhungern müsste, ich würde dich niemals um Geld in mein Bett lassen. Niemals!"

„Stell dich nicht so an. Das hast du doch früher schon getan. Meinem Bruder hast du doch ganz hübsch Geld abgeknöpft. Der hat dich dreiundachtzigmal gehabt."

„Verschwinde!", schreit Anna.

„Komm! Ich habe keine Lust, immer nach Kassel in das Freudenhaus zu laufen. Das Geld kannst du doch bekommen..."

Anna rennt zu dem nahen Misthaufen, packt die dreizinkige Gabel und richtet sie gegen den angetrunkenen Mann. „Wenn du jetzt nicht gehst, renne ich dir die Mistforke in den Bauch! Ich warne dich! Komm nie wieder her! Solltest du noch einmal an meinem Gartenzaun stehen und nur den Mund aufmachen, dann kriegst du meine Mistgabel zu spüren. Ich bin nicht deine billige Hure!"

„Schade! Vielleicht wirst du es noch mal gerne sein.

Wenn du erst mal richtig gehungert hast, dann denkst du vielleicht anders darüber. Dann bist du vielleicht dankbar, wenn ich recht oft zu Besuch komme."

Anna rennt auf Jost zu. Die Zinken der Gabel zittern. Da dreht sich Jost um und entfernt sich einige Schritte vom Zaun. „Du bist eine Hure und Muttermörderin! Was kann man da schon erwarten?"

Anna wartet, bis er in der Dämmerung verschwunden ist. „Wenn dieser elende Schuft nur nicht der Vater von Katharina ist!

Der Fremde

Ein fremder Mann schreitet auf Annas Haus zu. Anna ist davon so überrascht, dass sie reglos stehen bleibt. Was will der Fremde? Er ist etwa vierzig Jahre alt, hat ein freundliches Gesicht und trägt einen Korb auf dem Rücken.

Der Mann grüßt Anna so freundlich, dass sie nicht anders kann, als auch freundlich zu sein.

„Ich habe Bücher in meinem Kiepekorb", sagt er. „Möchtet Ihr sie anschauen, junge Frau?"

Noch niemals hat jemand Anna „Junge Frau" genannt. Die freundliche Art des Mannes macht sie neugierig.

„Ich habe kein Geld für ein Buch", sagt Anna.

„Geld ist auch nicht notwendig", antwortet da der Mann. „Ich kann auch ein Huhn als Bezahlung nehmen oder Gemüse."

Jetzt ist Anna wirklich neugierig.

Der Mann nimmt den Kiepekorb vom Rücken und stellt ihn neben sich. Zunächst holt er eine Bibel heraus. Aber die ist zu teuer. Obwohl Anna schon gerne eine gehabt hätte. Der Mann zeigt ihr ein anderes Buch. Es heißt „Die Pilgerreise“ und wurde von einem Engländer geschrieben. Das Buch hat schöne Bilder. Anna hätte es gerne. „Wieviel soll das Buch kosten?“, fragt Anna den Mann.

„Dieses Buch kostet zwei Mark.“

„So viel habe ich nicht. Ich habe nur eine Mark.“

„Dann gebt mir die Mark und noch ein junges Huhn dazu.“

Anna ist einverstanden. Sie schaut noch die anderen Bücher an, die der Mann im Korb hat. Er schenkt ihr ein paar kleine Schriften. Anna freut sich, dass sich jemand – einfach so – mit ihr unterhält. „Wenn der wüsste, was die Leute im Dorf von mir halten, dann wäre er niemals zu mir gekommen“, denkt sie.

Der Mann hat Zeit. Er erzählt, dass er aus dem Siegerland kommt. Dort hat er einen Hof. Aber jetzt sei er unterwegs, um den Menschen Gottes Wort nahe zu bringen. Gott habe ihn beauftragt, das Evangelium weiterzusagen.

Anna hat so etwas noch nie gehört. Ihrer Ansicht nach gehört Gottes Wort in die Kirche. Dort ist es gut aufgehoben, und dort soll es auch bleiben.

Alles, was der Pfarrer in seinen Predigten sagte, das hat sich in der Kirche gut angehört. Die anwesenden Dorfbewohner hatten auch immer andächtig und zustimmend genickt. Aber dass sie irgendetwas von dem, was sie sonntags gehört hatten, am Montag in die Tat umgesetzt hätten … Bewahre! Anna hatte nichts davon gemerkt.

„Gott möchte für Euch sorgen wie ein Vater für sein Kind. Er sehnt sich danach, auch Euch, junge Frau, seine Liebe zu zeigen.“

„Warum habe ich davon bisher noch nichts gemerkt? Er

hätte doch längst für mich sorgen können, wenn er sich danach sehnt."

„Habt Ihr ihm denn Euer ganzes Leben anvertraut? Habt Ihr zu ihm gebetet, wenn Ihr in Not wart? Habt Ihr Euch zuallererst auf ihn verlassen, anstatt auf Euch selbst oder auf andere Menschen?"

Anna schluckt. Nein, gebeten hatte sie Gott bisher um nichts. Warum auch?

Sie könne Gott um alles bitten, was sie brauche und nötig habe. Wenn sie Buße tue – und das heiße nicht, irgendwelche körperlichen Strafen auf sich zu nehmen, sondern einfach Gott als ihren Versorger anzuerkennen –, dann könne sie ihn um alles bitten, was sie brauche. Sie würde dann erfahren, wie Gott, ihr himmlischer Vater, für sie sorgt.

Anna kann das nicht richtig begreifen.

„Wenn Ihr mehr davon erfahren wollt, junge Frau", sagt der Mann, „dann kommt am Sonntagabend um acht Uhr in das Haus des Schulzen. Dort wird eine Evangelisationsversammlung sein."

„Das Haus des Schulzen? Der Schulze ist doch vor kurzem tödlich verunglückt!"

„Davon weiß ich nichts. Ich weiß nur, dass der Schulze Johannes W. heißt und selbst angeboten hat, in der guten Stube seines Hauses eine Evangelisationsversammlung abzuhalten."

Anna steht wie benommen. Johannes also ist Schulze geworden. Es dauert einige Zeit, bis sie entgegnen kann: „Ach ... die Leute im Dorf haben etwas gegen mich. Ich kann mir nicht vorstellen, dass der Schulze und seine Frau mich in ihre gute Stube lassen werden."

„Darüber macht Euch keine Sorgen, junge Frau. Ich selbst werde Euch abholen. Vor Gott sind alle Menschen gleich. Alle sind Sünder. Alle brauchen die Erlösung durch den Opfertod seines Sohnes. Jeder ist auf Gottes Gnade angewiesen. Wer hat da ein Recht, Euch zu verachten?“

Anna begreift schon wieder nicht richtig, was der fremde Mann will. Aber irgendwie ist ihr das, was er sagt, nicht gleichgültig. Keiner hat das Recht, sie zu verachten? Jeder ist vor Gott ein Sünder? Das ist eine Botschaft, die wie für sie gemacht ist. Sie will so schnell wie möglich das Buch lesen. Das Buch von der Pilgerreise.

Anna holt ihre Mark, greift dann das fetteste Huhn, das sie hat, und steckt es in einen kleinen Weidenkorb. „Da, nehmt mein bestes Huhn. Für ein solches Buch ist mir nichts zu schade.“

Gebet

Nun sitzt Anna neben der kleinen Kerze in ihrer Kate und liest. Ihre Tochter liegt schlafend auf der Ofenbank. Anna taucht ein in die Welt des Pilgers, der eines Tages merkt, dass er in einer verlorenen Stadt lebt und sich auf die Reise macht zum himmlischen Jerusalem.

Anna liest langsam, damit ihr nichts entgeht. Sie trägt mit ihm an der Sündenlast und wird sie mit ihm am Kreuz von Golgatha los, wo der Gottessohn stellvertretend die Todesstrafe für die Sünden der Menschen auf sich nahm. Mit dem Pilger erlebt sie die vielen Fährnisse des Lebens und gelangt schließlich mit ihm zu den Pforten der Goldenen Stadt, dem himmlischen Jerusalem. Anna möchte auch so eine Pilgerin zum himmlischen Jerusalem werden. Zum ersten Mal in ihrem Leben betet sie mit ihren eigenen Worten: „Gott, wenn du mich wirklich lieb hast und für mich sorgen willst, dann tue es. Amen."

Wieder im Dorf

Anna sitzt in der guten Stube beim neuen Schulzen Johannes und seiner Frau Klara. Der freundliche Mann, der heute Abend in der Stube eine Evangelisationsversammlung abhalten wird, hat Anna daheim abgeholt. Anna hat ihre kleine Tochter Katharina mitgebracht und hält sie auf dem Schoß. Katharina ist eingeschlafen. Als sie das Haus betrat, hat Johannes erstaunt aufgeschaut. Offensichtlich hat er nicht damit gerechnet, dass Anna, die Diebin, Hure und Muttermörderin, der Einladung folgen würde. Er weiß nicht, wie er sich verhalten soll. „Guten Abend, Anna", sagt er verlegen.

Der freundliche Mann spricht Johannes an. „Diese junge Frau ist dem Evangelium gegenüber sehr aufgeschlossen. Ich habe sie abgeholt, weil sie nicht den Mut hatte, alleine herzukommen."

Klara erschrickt ebenfalls, als sie Anna in ihrem Haus sieht. „Anna?", ruft sie ungläubig. „Du kommst zu uns?"

Der Evangelist lächelt: „Die gute Nachricht Gottes gilt für alle."

Klara weiß das. Sie geht auf Anna zu. „Wie alt ist deine Tochter jetzt?"

Anna sieht der Freundin von einst nach langer Zeit zum ersten Mal wieder ins Gesicht. „Katharina ist jetzt bald fünf Jahre alt, Klara."

„Die Kleine sieht sehr dünn aus", stellt Klara fest. „Hat sie wenig zu essen?"

Anna hat das noch gar nicht richtig bemerkt, ihr fehlt der Vergleich mit anderen Kindern. Klara schmiert der Kleinen ein Fettbrot und drückt es ihr in die Hand. Klara hat inzwischen drei Kinder: die beiden Töchter Toni und Klara, und einen Sohn Wilhelm, der gerade erst einige Monate alt ist. Anna gefallen Klaras Kinder.

Gleich darauf beginnt die Stubenversammlung. Noch ein paar Bewohner des Dorfes sind der Einladung gefolgt. Sie alle sind erstaunt, als sie Anna in der guten Stube mit dem inzwischen schlafenden Kind auf dem Schoß erblicken. Alle suchen sich einen Platz, aber der Stuhl neben Anna bleibt leer. Da setzt sich Klara neben sie.

Erweckung

Lisbeth, die Stallmagd, treibt die Kühe die Dorfstraße entlang. Die Tiere laufen zum Bach, den sie durchqueren müssen, um auf ihre Weide zu kommen. Am Bach halten sie sich gern auf, vor allem, um sich sattzutrinken. Dort ist bereits Lina mit ihren Kühen, die ebenfalls trinken. Lisbeth und Lina begrüßen sich durch Kopfnicken.

„Was ist denn bloß in unserem Dorf los?", beginnt Lina das Gespräch. „Seit dieser Evangelisation in der Wohnstube vom Schulzen sind die Leute alle ein bisschen verrückt."

Lisbeth entgegnet: „Aber glaub mir, da ist was dran."

„Bist du am Ende auch erweckt?", Lina fragt es staunend.

„Ja, ich denke schon", antwortet Lisbeth. „Weißt du, ich

hätte ja nie geglaubt, dass ich es selbst erleben kann, wie Gott zu mir spricht."

„Aber Lisbeth, rede doch nicht solchen Unsinn! Wie soll Gott denn zu dir sprechen?"

„Ich lese in der Bibel. Da steht es drin, wie Gott mich liebt."

„Was heißt denn das? Wie Gott mich liebt? Ist das nicht ein bisschen übertrieben?"

„Ach, Lina, ich kann dir gar nicht sagen, wie froh ich darüber bin. Stell dir vor, der allmächtige Gott, der Himmel und Erde geschaffen hat, der liebt mich! Mich, die Stallmagd Lisbeth! Mich hat er zu seinem Kind auserwählt."

„Alle Menschen sind Gottes Kinder."

„Nein, Lina, so ist das nicht. Du musst schon Gottes Kind sein wollen. Gott hat seinen Sohn zu uns Menschen geschickt und ihm die Strafe auferlegt, die wir verdient hatten. Jetzt sind wir frei. Das bietet Gott dir an. Wenn du das Angebot Gottes ausschlägst, dann gilt es nicht für dich. Dann bist du aber auch in Ewigkeit ohne Gott."

„In der Wohnstube vom Schulzen, so sagen sie, sollt ihr auch beten. Einfach so. Wie ist denn das? Tust du das auch?"

„Freilich tue ich das auch. Ich sage Gott, wie es mir ums Herz ist. Alles, was mir Sorgen macht, das sage ich Gott und bitte ihn um Hilfe."

„Und hört Gott dich?"

„Gott hört immer. Aber er erhört nicht immer. Er weiß besser, was gut für mich ist, und deshalb tut er nicht immer alles, was ich ihn bitte."

„Ach, Lisbeth, ich weiß nicht, was ich davon halten soll."

„Dann mach dir doch selbst ein Bild davon. Du kannst doch auch in die Versammlung gehen."

„Ich soll zum Schulzen in die Versammlung gehen?“

„Ja, ich hole dich ab.“

„Was sollen denn die Leute von mir denken, wenn ich da hingehe?“

„Das halbe Dorf ist doch ohnehin da. Und wenn es um dich und deine Seele geht, dann darfst du nicht auf die Leute schauen.“

„Sag mal, die Anna soll dort auch hingehen? Macht es dem Schulzen nichts aus, diese Diebin in seinem Haus zu haben? Bald wird ihm Geld fehlen.“

„Sprich nicht so, Lina! Die Anna hat ihr Leben Gott anvertraut. Gottes Sohn hat für alle Schuld gebüßt. Auch für die von Anna. Wenn du keine Schuld auf dich geladen hast, dann ist das nicht dein Verdienst, sondern nur von Gott geschenkt. Es ist Gnade.“

„Gehst du da weg, du alte Reusche!“ Lina schlägt mit ihrem Stecken nach einer Kuh, die sich selbständig machen will. „Ich verstehe das nicht richtig, Lisbeth. Es ist so ... ich weiß nicht. Aber so viele im Dorf machen mit. Und Möllers Adam, der immer im Krug gesessen und seine Kinder geschlagen hat, wenn er wieder mal betrunken war, der ist jetzt auch dabei und hat mit der Sauferei aufgehört. Ich weiß nicht, irgendetwas muss doch an der Sache sein.“

„Du kannst dir kein Bild davon machen, wenn du es nicht selbst kennen lernst, Lina!“

Lisbeth ruft ihre Kühe, die inzwischen genug getrunken haben, und zieht weiter. Laut singt sie:

„Fröhlich zieh ich meine Straße
hier durch dieses Pilgertal.
Meinen Herrn ich nimmer lasse,
er beschirmt mich überall.

Mag manch wilder Sturm auch toben,
der mich zu verderben droht,
gläubig blicke ich nach oben,
bin getrost in Not und Tod."

Lina blickt ihr nach. „Sie meint es wirklich so", denkt sie. „Und irgendwie ist sie wirklich verändert. Richtig glücklich sieht sie aus. Fast könnte man neidisch werden."

Gewitter

Der Himmel ist dunkel. Gleich wird eines dieser Gewitter losbrechen, wie man sie hier im Sommer öfter hat. Sie scheinen sich an dem Bergkegel mit der Burgruine festzusetzen.

Es ist schwül. Überall haben die Bauern Heu gemacht. Auch Anna hat ihre magere Wiese gemäht und das Heu mehrfach gewendet. Ihre Tochter, inzwischen etwa zehn Jahre alt, hat ihr geholfen, so gut sie konnte. Nun hat sich am Himmel das Gewitter zusammengebraut. Annas einzige Kuh, die sie vor den Wagen hätte spannen können, ist krank. Sie hat vor ein paar Tagen verkalbt und sich davon noch nicht erholt.

Anna ist sehr aufgeregt. Sie muss das Heu trocken in den Heuschober bekommen. Überall sieht sie die Leute in Windeseile auf die Wiesen fahren. Ob sie mit ihrem Handwagen losziehen soll? Aber das wäre ein Tropfen auf einem heißen Stein.

Sie betet. Dann läuft sie zu Johannes. Der ist gerade dabei, seine beiden Zugtiere einzuspannen. Er hat auch noch eine Wiese voller Heu draußen. „Bitte, Johannes, meine Kuh ist krank. Kannst du mein Heu heimholen?“

Johannes blickt zum Himmel. Dort sieht es nicht gut aus. Jeden Augenblick kann das Unwetter losbrechen. Er zögert noch einige Augenblicke. Dann sagt er: „Anna, ich will so handeln, wie es Gott mir in seinem Wort sagt.“ Anna blickt ihn zuversichtlich an. Plötzlich kniet Johannes neben dem leeren Wagen nieder und beginnt laut zu beten: „Vater im Himmel, du hast in der Bibel befohlen, dass wir die Anliegen der Witwen und Waisen zu unseren eigenen Anliegen machen sollen. Anna steht ganz allein auf der Welt. Ich will zuerst ihr Heu heimholen. Halte du doch so lange das Unwetter zurück, dass ich nachher auch noch mein Heu heimholen kann. Ich verlasse mich auf dich. Amen.“

In Windeseile fährt nun Johannes mit Anna auf ihre Wiese. Der Himmel sieht immer bedrohlicher aus, aber das Unwetter bricht nicht los. Hastig laden Anna und Johannes den Heuschober hinter der Kate voll. Anschließend geht es, so schnell sie nur können, zu der Heuwiese von Johannes. Der Donner klingt immer bedrohlicher. Blitze zucken um den Burgberg. Aber noch regnet es nicht. Als Johannes mit seinem vollbeladenen Wagen in seinen Hof einfährt, entlädt sich der inzwischen fast schwarze Himmel mit Urgewalt. Aber alles Heu ist trocken unter Dach und Fach. „Danke, Vater im Himmel“, betet Johannes, „dass du meine Bitte erhört hast. Ich wusste, dass du mir helfen wirst.“

Feuer

Es ist ein grauenvolles, erschreckendes Bild. Vier Hofreithen brennen. Der Hof des ehemaligen Schulzen, bei dem Anna seinerzeit gedient hat, stand als Erster in Flammen.

Es ist Januar, der Feuerlöschteich ist fest zugefroren. Niemand kann Löschwasser holen. Die Flammen greifen auf ein Nachbargehöft über. Auch der Hof von Johannes, dem neuen Schulzen, bleibt nicht verschont. Und noch ein Hof fängt Feuer. Nur Scheune und Stallungen von Johannes bleiben vor dem Feuer bewahrt. Auch fast aller Hausrat kann von Johannes und Klara gerettet werden.

Anna läuft mit ihrer Tochter, so schnell sie kann, zum Hof von Johannes, als sie merkt, dass Flammen aus dem Dach seines Wohnhauses schlagen. Sie hastet ins Haus und hilft Klara, die verstörten Kinder vor dem Feuer zu retten. Sie schickt die Kinder mit Katharina in ihre Kate. Dann machen sich die Frauen daran, den Hausrat zu bergen.

Zum Glück weht kein Wind. Das Haus brennt langsam vom Dach bis zum Boden. Und so können sie noch vieles in Sicherheit bringen. Unterdessen sind die Männer damit beschäftigt, das Stallgebäude und die Scheune vor dem Funkenregen zu schützen. Brunnenwasser und Schnee müssen helfen, die Funken auszulöschen. Nicht gerettet werden können die Schlachtvorräte in der Räucherkammer unter dem Dach. Auch ein Teil des Fruchtbodens ist ein Raub der Flammen geworden.

Dieser Brand hat ein gerichtliches Nachspiel. Es handelt sich, wie sich bald herausstellt, um Brandstiftung. Der jüngere Sohn des früheren Schulzen, der auf dem Hof inzwischen alleine wirtschaftet, hat das Feuer absichtlich gelegt, weil er die Brandkasse betrügen wollte. Dreißig Jahre lang waren Versicherungsbeiträge in die Brandkasse geflossen. Nun sollte sich die Sache endlich für ihn auszahlen. Das Wohnhaus, in dem auch Anna einst gewohnt hatte, war in den oberen Stockwerken baufällig geworden. Da wäre ein Brand gerade recht gekommen. Mit Leichtigkeit hätte sich mit der inzwischen aufgelaufenen Versicherungssumme ein Neubau finanzieren lassen.

Da sich der ersehnte Brand von selbst nicht einstellen wollte, hatte Jost nachgeholfen. Er hatte ganz bewusst den tiefsten Winter abgewartet, um sicher sein zu können, dass man kein Löschwasser pumpen konnte. Aufgrund von Indizien – Jost hatte alle Wertsachen schon vor dem Brand aus dem Haus geschafft – und schließlich eines Geständnisses wurde Jost zu einer langjährigen Gefängnisstrafe verurteilt. Er musste zudem Schadensersatz in einer Höhe leisten, der sein gesamtes Vermögen aufbrauchte.

Johannes bekam zu seinem Neubau, der zügig vonstatten ging, einen Zuschuss aus der Brandkasse, außerdem einige gute Äcker von Jost als Entschädigung. Im neuen Haus, das Johannes nun an den Dorfrand baute, wurde ein Versammlungsraum gleich mit eingerichtet, denn allsonntäglich treffen sich einige Leute des Dorfes bei ihm zu Andacht und Gebet.

Konrad

Konrad, der Sohn des ehemaligen Schulzen, unterhält sich mit Johannes. Ernst, fast gequält sieht Konrad aus. Er hatte wie geplant in einen Hof des Nachbardorfes eingeheiratet und war seitdem nur noch selten im Heimatdorf zu Gast gewesen. Heute führt ihn ein ganz besonderer Anlass zu

Johannes. Auch im Nachbarort sind einige Leute „erweckt" worden. Sie machen Ernst mit dem, was in der Bibel steht, und vertrauen ganz auf Gott. Vor einigen Monaten ist auch Konrad angesprochen worden von dem, was die Leute in der guten Stube sonntagnachmittags predigen. Alle gehen nach wie vor sonntags zur Kirche, halten nachmittags aber Stubenversammlungen ab, um darüber hinaus miteinander zu beten und über das Verständnis von Bibelstellen nachzusinnen.

Konrad ist unruhig geworden. Sein Gewissen hat ihn an seine alte Schuld erinnert. Jahrelang hatte er verdrängt, was in stillen Stunden immer wieder aufstieg: Er hatte das Geld, das er Anna gebracht hatte, seinem Vater zuvor gestohlen. Anna war keine Diebin. Und nur deswegen hatte doch ihre Mutter Hand an sich gelegt. Auch an ihrem Tod fühlt sich Konrad schuldig. Und er weiß: Wenn er sein Leben vor Gott und den Menschen in Ordnung bringen will, dann dürfen diese Ereignisse nicht unbereinigt bleiben.

„Wir sind Brüder durch Jesus Christus", sagt Konrad zu Johannes. „Hilf mir, dass meine Vergangenheit in Ordnung kommt."

Gemeinsam entwerfen Johannes und Konrad einen Brief. Dieser Brief soll am kommenden Sonntag nach dem Gottesdienst vorgelesen werden. Darin wird Konrad seine Schuld gegenüber Anna in aller Öffentlichkeit eingestehen. Er wird darstellen, wie Anna in den Ruf gekommen ist, eine Diebin, eine Hure und auch eine Muttermörderin zu sein. In diesem Brief wird er sie um Verzeihung bitten.

Johannes und Konrad brauchen viele Stunden, bis sie alles zu Papier gebracht haben. Beide einigen sich noch, dass Johannes diesen Brief vorlesen wird. Konrad trägt schwer an seiner Schuld, aber er sagt: „Ich bin dankbar, dass die Sache nun endlich in Ordnung kommt."

Ende der Ächtung

Anna ist umringt von vielen Leuten. Die Erklärung Konrads ist eben verlesen worden. Anna hatte keine Ahnung davon gehabt.

„Ich habe dich immer für schuldig gehalten, Anna!", sagt eine Bewohnerin des Dorfes. „Bitte verzeih mir!" Sie reicht ihr die Hand. Viele schließen sich an.

„Wie schwer muss es für dich gewesen sein!", meint eine Alte. „Warum hast du denn nicht gesagt, wie es wirklich gewesen ist? Was wird Lisa für Augen machen, wenn ich ihr das erzähle!"

Anna bittet: „Lasst es gut sein. Wir wollen nicht mehr davon reden. Und wir wollen auch niemandem mehr Vorwürfe machen. Vor allem auch Konrad nicht. Denn ‚wer unter euch ohne Sünde ist, der werfe den ersten Stein'. Niemand hat das Recht, einen Stein zu werfen, nicht den ersten und auch sonst keinen."

Klara

Anna pflegt Klara. Seit der Geburt ihres jüngsten Sohnes Daniel ist Klara bettlägerig. Sie kommt einfach nicht wieder zu Kräften. Anna versorgt den Kleinen und auch die drei großen Kinder. Schließlich bekommt Klara Fieber. Es scheint eine Lungenentzündung zu sein. Der Doktor verordnet Medikamente, die aber nicht helfen. An drei Tagen muss sich alles entscheiden", sagt er besorgt. „Wenn die Schulzin diese drei Tage übersteht, dann werden wir es schaffen. Sonst ist alle Hilfe vergeblich."

Er gibt Anna den Auftrag, fleißig kalte Wadenwickel zu machen und verschiedene Tees für Klara zu kochen. Anna versorgt die Freundin, wie es eine gelernte Krankenschwester nicht besser könnte.

Doch als Anna an Klaras Bett sitzt, sagt die Kranke auf einmal mit klarer Stimme: „Ich werde heimgehen. Meine Zeit ist abgelaufen. Ich bitte dich, Anna, bleib du hier im Hause und versorge meine Kinder. Versprich mir, dass du Johannes heiratest, wenn ich nicht mehr bin."

Anna wehrt entsetzt ab: „Sprich nicht solche Sachen! Gott wird dich wieder gesund werden lassen. Ich habe viel für dich gebetet. Du sollst alt werden und deine Kinder großziehen."

„Ach, Anna, das würde ich gern. Aber ich spüre, dass meine Zeit zu Ende geht. Es würde mich ruhiger sein lassen, wenn ich wüsste, dass du meine Kinder versorgst. Dann weiß ich sie in guten Händen. Versprich mir, Johannes zu heiraten."

„Aber Klara, das muss doch Johannes wollen."

„Versprich es mir!"

Und endlich verspricht es Anna.

„Ich danke dir, Anna. Nun kann ich ruhig schlafen."

„Ja, schlafe nur, Klara. Bald bist du wieder gesund. Und dann wirst du darüber lachen, was ich dir versprechen musste."

Klara lächelt und schließt die Augen.

Einige Tage später läutet die Totenglocke. Klara hat den dritten Tag nicht überlebt.

Hochzeit

Anderthalb Jahre sind seitdem vergangen. Johannes und Anna treten heute vor den Traualtar. Insgesamt fünf Kinder ziehen vor ihnen her, die vier Kinder von Johannes mit Katharina.

Nach der feierlichen Handlung werden beide vor der Kirche von den Dorfbewohnern begrüßt. „Ganz früher warst du Schulzes Anna“, sagte der alte Förster, Klaras Vater, „und nun bist du es wieder. Du bist wieder Schulzes Anna.“

Ein Fremder überreicht Anna ein kleines Päckchen. „Das soll ich Euch geben, Schulzin“, sagt der Fremde und geht wieder. Anna lädt ihn ein, mit zum Hochzeitskaffee zu kommen, aber er will nicht. Sie öffnet das Päckchen. Darin liegt eine Goldmünze. Ihre Goldmünze, die sie vor der Konfirmation von Klaras Großvater, dem alten Baron, geschenkt bekommen hatte. Der Schulze hatte sie ihr weggenommen. Nun ist die Münze zu ihr zurückgekehrt. Anna weiß jetzt, dass der Fremde ein Bote von Konrad gewesen sein muss.

Brautnächte

Noch während einige Gäste im Hof sitzen und Blutwurst, Leberwurst und Rettich zum frisch gebackenen Brot verspeisen, zieht Anna sich zurück. Sie setzt sich auf den Rand des Ehebetts; und nun muss sie ihre Gedanken erst einmal ordnen. Nach der vielen Arbeit vor der Hochzeit und der schönen Feier fühlt sie sich leer.

Jetzt ist sie die Ehefrau von Johannes. Sie hat ihn immer

noch gern – mit seiner immer noch schlanken Gestalt, seinen hellen Augen und die Art, wie er lächelt. Er ist immer noch ein gut aussehender Mann, obwohl die viele Arbeit ihre Spuren auch an ihm hinterlassen hat. Er ist ein gut aussehender Mann, aber ... er ist eben ein Mann. Anna würgt es in der Kehle, wenn sie an das im Haus des Schulzen Erlebte denkt. Wird er nachher sich ebenso wild auf sie stürzen ohne Rücksicht auf ihre Schmerzen und ihren Ekel? Johannes ist fast noch ein junger, gesunder Mann. Er wird hier in dieser Bettstatt Forderungen an sie stellen, Forderungen, die sie als seine Ehefrau erfüllen soll, aber ... Plötzlich ist es Anna Leid um das Versprechen, das sie der todkranken Klara gegeben hat, nämlich Johannes zu heiraten und den Kindern eine neue Mutter zu werden.

Anna geht zu den Gästen zurück. Klaras Mutter, die alte Försterin, hat bisher im Hause ihres Schwiegersohnes oft nach dem Rechten gesehen. Sie zupft Anna am Ärmel: „Ich bin ja so froh, Anna, dass du jetzt hier bist. Klaras Wunsch ist in Erfüllung gegangen. Johannes muss doch eine Frau haben. Und die Kinder brauchen eine Mutter. Platz genug ist da, und es gibt genug zu beißen. Johannes ist nicht arm. Ihr werdet euer gutes Auskommen haben."

Anna nickt.

„Und dass du arbeiten kannst, das weiß ich. Ich brauche mir keine Sorgen zu machen, dass du diesem Hauswesen nicht vorstehen könntest."

Anna nickt wieder.

„Es lässt mich ruhiger sein, weißt du. Ich bin nun auch älter und freue mich, wenn ich mich um die Kinder hier nicht mehr so sehr zu kümmern brauche. Du weißt ja, dass ich selbst noch die Kleine habe, und außerdem ist da das Reißen in den Knochen. Wenn man fünfzig ist ..."

Anna sagt: „Fünfzig Jahre, Försterin! Das seid Ihr doch noch nicht."

„Noch nicht, aber bald."

Johannes hat den kleinen Daniel auf dem Arm. Daniel lacht und streckt seine Arme Anna entgegen. Er hat seine leibliche Mutter nicht richtig gekannt. Anna hat Mutterstelle an ihm vertreten. „Ich denke, es ist Zeit, ihn in sein Bett zu bringen", sagt Anna und nimmt das Kind auf ihren Arm.

„Das tue ich heute", ruft die junge Klara. „An deinem Hochzeitstag, Mutter, sollst du nicht arbeiten."

Anna freut sich, dass Klara sie Mutter nennt. Klara nimmt den Kleinen, der sich ein wenig sträubt, sich dann aber doch zufrieden gibt. „Sorg dafür, dass er noch ein Stück Streuselkuchen isst", ruft Anna ihrer großen Stieftochter nach.

Johannes setzt sich neben Katharina, die mit großen Augen die vielen Menschen anschaut. Sie kennt kaum einen, denn es sind überwiegend Verwandte von Johannes oder seiner ersten Frau. Auch einige Bürgermeister aus der Umgebung sind zu Gast gekommen, ebenso Freunde aus Nachbargemeinden, die dort wie Johannes eine Stubenversammlung abhalten.

Johannes nimmt die Hand des schüchternen Mädchens und streichelt sie. „Ab heute bin ich dein Vater, Katharina. Du sollst mich jetzt nicht mehr Onkel Johannes rufen, sondern einfach ‚Vater'."

Katharina blickt ihn an. Wenn sie ihre Mutter nach ihrem Vater gefragt hatte, dann hatte Anna immer geantwortet, er sei weggelaufen und niemand wisse, wohin. Katharina hatte sich in der Schule immer geschämt, keinen Vater zu haben wie die anderen Kinder. Nun hat sie einen. Sie schluckt.

„Hörst du, du sollst mich jetzt immer ‚Vater' nennen, Katharina. Willst du daran denken?"

Katharina sagt: „Ja, Onkel Johannes."

Als Johannes lacht, merkt sie ihren Fehler und bekommt einen roten Kopf. Schnell springt sie auf und läuft ins Haus.

Nun ist die Hochzeit vorbei. Die Gäste haben längst den Heimweg angetreten, das Vieh ist versorgt, die Kinder sind im Bett. Anna und Johannes sitzen im Hemd auf der Bettstelle. Johannes legt den Arm um seine Frau. Anna fängt an zu zittern.

„Was ist mit dir?", fragt er. „Ist dir kalt?"

Anna schüttelt den Kopf. „Ich habe Angst."

Johannes fragt: „Angst vor ... mir?"

Anna nickt. „Ich will nicht, dass du böse auf mich bist, Johannes, aber ich habe Angst davor."

Johannes lächelt. „Dabei kann es so schön sein, Anna."

„Schön? Was soll dabei schön sein?"

Johannes begreift, dass er mit seiner Frau sehr behutsam umgehen muss. „Weißt du was, Anna? Wir lassen uns Zeit damit."

Anna fragt: „Du tust mir heute nicht weh?"

„Nein, bestimmt nicht", sagt Johannes. „Ich möchte dir niemals weh tun."

„Dann ist es ja gut. Du bist so anders, Johannes", sagt Anna.

Johannes blickt zur Decke. War er wirklich anders? Lange Monate ist er nun ohne Frau gewesen, eine lange Zeit für einen gesunden Mann. Er hatte sich auf seine Brautnacht gefreut, auch in der Weise, wie nur Männer sich freuen können. Aber seine Frau zu ängstigen, sie an böse Erfahrungen von einst zu erinnern ... um keinen Preis möchte er das.

„Weißt du, was wir tun werden?“, fragt er Anna. „Wir werden uns nebeneinander ins Bett legen. Und ich werde dir aus dem Märchenbuch der Kinder vorlesen. Schlafen können wir doch sowieso nicht nach so einem aufregenden Tag.“

Johannes holt das Märchenbuch der Kinder und liest seiner Frau daraus vor. Anna schmiegt sich an ihn, während er ihr Geschichten vorliest – von dem armen Mädchen, das von einem Königssohn auf sein Schloss geholt und geheiratet wird, und von dummen jüngsten Brüdern, die schließlich doch die Prinzessin erlösen können und dann König werden.

Anna spürt den Mann neben sich, und er macht ihr keine Angst. Die ruhige, tröstende Wärme seines Körpers, während er bedächtig in dem alten Buch blättert, macht sie froh und stark. Endlich schlägt Johannes das Buch zu und löscht die Kerze. Längst hat die Glocke Mitternacht angezeigt. „Gute Nacht, Anna“, sagt Johannes.

„Gute Nacht, Johannes“, sagt Anna. „Ich danke dir.“

In den darauf folgenden Nächten liest Johannes seiner Frau weiter Märchen vor. Irgendwann kommen sie zu der Geschichte, in der ein Bärenbräutigam von einem jungen Mädchen erlöst wird. Zuvor muss sie aber am starken Arm des Bräutigams durch zwölf Säle schreiten, in denen Schlangen und schreckliche Fabeltiere sie bedrohen wollen. Gelehnt auf den Bräutigam besteht die Braut die Probe. Zur Belohnung darf sie mit dem inzwischen erlösten Bräutigam in einem schönen Schloss wohnen.

Anna muss an ihren Traum von der Schlangenkammer denken. Sie weiß es: An der Seite des Bräutigams wird sie die Kammer durchschreiten und bis zur gegenüberliegenden, rettenden Tür gelangen. An der Seite des schützenden

Mannes kann sie das Vergangene wie einen bösen Traum hinter sich lassen. Nun will sie seine Frau sein, in jeder Beziehung. Sie hat keine Angst mehr vor dem Mann.

Lisas Rückkehr

Wenige Wochen nach der Hochzeit hält ein Pferdewagen auf dem Hof des Schulzen. Der Kutscher hilft einer alten Frau beim Heruntersteigen. Anna hat die Ankunft des Gefährts zunächst nicht bemerkt. Da ruft Johannes: „Anna, ich glaube, da ist Besuch für dich."

„Wer sollte mich schon besuchen?", fragt Anna erstaunt. Als sie auf den Hof tritt, erkennt sie Lisa, die inzwischen völlig weiß ist, ganz gebückt geht.

Anna läuft auf Lisa zu und will sie begrüßen. Da kommt Lisa ihr zuvor und schließt sie in die Arme. „Ich habe gehört, dass du mit Johannes verheiratet bist. Da wollte ich dir ein Geschenk bringen."

Anna traut ihren Ohren nicht. Sie wehrt ab, aber Lisa sagt: „Ich habe seinerzeit ein Geschenk von meinem Bräutigam bekommen. Bisher habe ich es immer gehütet. Aber jetzt sollst du es haben."

Lisa kramt in einer Stofftasche und holt einen in Zeitungspapier gewickelten Gegenstand heraus. „Sei vorsichtig damit, Anna, es ist zerbrechlich."

Anna entfernt das Papier und hält eine Schale aus weißem Porzellan in der Hand. Es ist eine Obstschale mit kunstvoll durchbrochenem Rand. Auf den Boden sind wunderschöne Früchte gemalt.

„Mein Bräutigam hat sie mir geschenkt. Sie sollte auf

dem Schrank in der guten Stube stehen, wenn wir erst einmal verheiratet wären. Jetzt soll sie dir gehören."

Anna ist verwirrt. Wie kann ihr Lisa so ein Geschenk machen! Sie bedankt sich und bittet Lisa ins Haus. Sie brüht einen Kaffee für die alte Magd und lässt sie erzählen. Lisa packt aus einer zweiten Stofftasche in großes Hörrohr aus. In das muss Anna hineinsprechen. Dann kann Lisa alles verstehen. Es gibt viel zu erzählen.

„Ich habe gehört, du wohnst jetzt bei deinem Bruder in deinem Heimatdorf. Wie geht es dir?"

„Schlecht, Kind, schlecht. Mit meiner Schwägerin vertrage ich mich gar nicht."

„Hat denn dein Bruder noch geheiratet? Er ist doch auch schon bei Jahren."

„Das ist es ja! Eine Frau, die zwanzig Jahre jünger ist als er, hat er sich heimgetan. Sie könnte fast meine Enkelin sein. Und seitdem sie das Kind hat, ist sie nicht mehr zu ertragen. jeden Tag gibt es Zank im Haus. Sie will mich lossein."

„Warum bist du denn von hier weggegangen, Lisa? Hättest du nicht beim Schulzen bleiben können. Da bist du doch fast dein ganzes Leben gewesen."

„Ach, Anna, wenn du wüsstest! Mit dir, ja, da war es noch schön beim Schulzen. Aber als du weg warst, dann begann mein Elend."

„Das musst du erzählen, Lisa."

„So viel zu erzählen gibt es da nicht. Ich konnte die viele Arbeit nicht allein schaffen und habe den Schulzen gedrängt, eine andere Magd zu dingen. Da ist die Marie ins Haus gekommen. Das war keine Gute. Sie hat mich geärgert, wo sie nur konnte. Sie wollte wohl den Schulzen heiraten und dachte, ich wäre im Weg. Da bin ich dann zu meinem Bruder gezogen. Der Schulze hat ganz und gar auf die Marie gehört. Ich weiß es nicht, aber vielleicht hat sie ihm auch ihre Kammer offen gehalten ... Ich will da nichts sagen.

Ich habe meinem Bruder die Wirtschaft geführt. Erst war ich willkommen, weil ich ein bisschen Geld gespart hatte. Das hat der Karl gut brauchen können, weil das Dach von meinem Elternhaus undicht war und neu gedeckt werden musste. Einige Jahre haben wir da zusammengelebt. Ach, Anna ... es war nicht schön. Und jetzt ist es unerträglich. Die schönste Zeit in meinem Leben war, als du beim Schulzen gedient hast, Anna."

„Sie hat von allem, was im Haus des Schulzen geschehen ist, nichts bemerkt", denkt Anna.

„Mit dir konnte ich immer gut arbeiten, du warst anstellig und fleißig, hast nie Widerworte gegeben. Das war mit der Marie ganz anders", hört sie Lisa sagen.

Lisa schaut nun das neue Haus des Schulzen an, geht in die Stallungen und lässt ihren prüfenden Blick über Küche und Keller gleiten. Sie scheint mit Anna sehr zufrieden zu sein.

„Schön hast du es hier, Kind", sagt Lisa. „Du hast die Wirtschaft in Ordnung. Ich kann stolz sein auf dich! Das hast du ja alles bei mir gelernt."

Anna widerspricht nicht, obwohl sie fast ein bisschen lachen muss. Sie nickt der alten Frau anerkennend zu, und Lisa streichelt Anna am Arm.

„Weißt du was, wir schicken den Kutscher wieder heim. Ich bleibe ein paar Tage bei dir. Eine Bettstelle hast du doch bestimmt für mich. Oder hat Johannes etwas dagegen?"

Johannes hat nichts dagegen. Anna stopft für Lisa einen Strohsack, legt ihn in die leere Bettstelle in der Dachkammer, in der Lisa schlafen soll.

Lisa macht sich gleich nützlich. Sie hilft in der Küche und im Garten, beaufsichtigt die beiden großen Mädchen Katharina und Klara bei den Arbeiten in Haus und Hof, flickt Hosen und Strümpfe, geht manchmal noch mit in den Stall, kurz: findet immer eine Beschäftigung. Mit der Heimkehr zur ungeliebten Schwägerin hat sie es nicht eilig.

„Ich bleibe noch hier, bis du die Obsternte hinter dir hast und der Garten abgeräumt ist“, sagt sie. „Du kannst ein bisschen Hilfe gut gebrauchen.“

Anna fühlt sich durch Lisa wirklich entlastet. Sie kann mit Johannes und den Tagelöhnern beruhigt im Feld arbeiten, wenn sie Lisa daheim bei den Kindern weiß. Dann bekommen die Kleinen ihr Essen, werden sie rechtzeitig zur Schule geschickt, herrscht in Küche und Keller eine strenge Aufsicht.

Vor den Feiertagen ist das Wetter schlecht, außerdem meint Lisa, sie müsse beim bevorstehenden Schlachten helfen. Nach dem Weihnachtsfest setzt strenger Frost ein, dann gibt es viel Schnee, sodass es nicht geraten ist, auf Reisen zu gehen.

Irgendwann im März schlägt Johannes ihr vor: „Lisa, weißt du was, du bleibst ganz bei uns.“

Lisa seufzt auf. Auf diesen erlösenden Satz hat sie schon lange gewartet.

Als die Straßen offen sind, fährt Johannes in Lisas Heimatdorf und holt ihre Truhe. Nun gibt es nichts mehr, was Lisa noch in das Haus des Bruders und seiner jungen Frau zurücklocken könnte.

Lisas Geschichte

Irgendwann um die Osterzeit sitzen Lisa und Anna auf der Bank vor dem Haus. Anna hat ihr Strickzeug ausgepackt, denn noch immer strickt sie Strümpfe, die sie jetzt aber dem Henner zum Verkauf mit auf den Markt nach Kassel gibt. Lisa kämpft gegen ein großes Loch im Strumpf eines der Jungen. Die warme Sonne hat die beiden nach draußen gelockt.

„Als du mir die schöne Schale gebracht hast, Lisa", beginnt Anna zögernd das Gespräch, „da hast du eine Andeutung gemacht. Du hast gesagt, du hättest einen Bräutigam gehabt. Warum hast du ihn nicht geheiratet?"

Lisa sagt: „Ach, Anna, das war lange vor deiner Zeit. Damals hatte ich den ältesten Sohn des Schäfers kennen gelernt. Es war in der Spinnstube und dann zur Kirmeszeit. Er wollte mich unbedingt heiraten. Und seine Eltern hatten nichts dagegen. Ich war zwar arm von daheim, aber ich konnte arbeiten. Und das war bei einer jungen Schäferin die Hauptsache."

„Aber warum ... warum ist es dann nicht zur Hochzeit gekommen?"

„Weil er auf und davon ist. Er hat mich verlassen. Er ist nach Amerika gegangen."

„Nach Amerika? Hat er dich verlassen, ohne dir etwas davon zu sagen?"

„Ja, Anna, er ist fort, ohne auch nur die leiseste Andeutung zu machen. Dabei wäre ich mit ihm gegangen. Bis ans Ende der Welt. Denn ich hatte ihn gern."

„Woher weißt du denn, dass er nach Amerika gegangen ist?"

„Genau weiß ich es ja nicht. Es ist merkwürdig gewesen, wie er damals verschwunden ist."

„Was weißt du denn davon?"

„Ach, Anna, es ist schon so lange her. Ich habe seitdem nie mehr darüber gesprochen. Es entsinnt sich wohl auch keiner mehr daran. Na ja, es sind ja auch schon mehr als fünfzig Jahre ins Land gegangen."

„Gerade deswegen kannst du doch darüber reden, Lisa."

„Na meinetwegen, Kind. So viel gibt es ja da nicht zu erzählen. Wir waren schon ein Jahr als Liebesleute miteinander gegangen. Im Jahr darauf wollten wir heiraten. Mein Bräutigam hatte sein gutes Auskommen. Mit der Schäferei konnte man zwar nicht reich werden, aber man konnte davon leben. Ich sollte ins Haus meiner Schwiegerleute ziehen. Ich verstand mich gut mit allen, auch mit dem jüngeren Bruder meines Bräutigams. Der ist aber im Jahr vor unserer geplanten Hochzeit nach Amerika ausgewandert. Er hatte auf seiner Wanderschaft ein Mädchen aus Nieder-Wildungen kennen gelernt. Das Mädchen hatte Verwandte in Amerika. Die hatten ihnen geschrieben, sie sollten kommen. Da haben sie sich beide hier noch trauen lassen und sind dann nach Bremen gelaufen. Dort gehen die Schiffe nach Amerika ab. Mein Bräutigam und ich, wir hätten also im Haus der Schwiegereltern Platz genug gehabt."

„Der Bruder meiner Mutter ist auch nach Amerika ausgewandert", weiß Anna zu berichten. „Der ist auch zu Fuß nach Bremen zum Schiff."

„Am Morgen des Tages, an dem er verschwunden ist", erinnert sich nun Lisa, „hat er mir noch zugewinkt. Wenn er am Haus des Schulzen vorbeikam, du weißt, dass ich damals schon dort diente, dann hat er immer laut gepfiffen. Da bin ich schnell nach draußen und habe ihm gewinkt. Genauso auch an diesem Morgen. Da habe ich ihn zum letzten Mal gesehen. Er hatte den Pferch mit den Schafen auf halber Höhe des Burgberges. Dort ist ganz lichter Eichenwald, der reichte damals bis oben zur Burg. Da war so viel Grün, dass er die Schafe gut weiden lassen konnte.

Er muss die Schafe noch bis oben hingetrieben haben. Sogar seine Jacke und sein Hut hingen an einer von den alten Eichen. Er selbst aber war verschwunden. Als er am Abend nicht nach Hause kam, sind einige Leute ihn suchen gegangen. Die Schafe waren oben an der Burg, hatten sich ein bisschen zerstreut. Seinen Hut und seine Jacke haben sie dann auch gefunden, ihn selbst aber nicht."

„Lisa, dann wäre er ja ohne Jacke und Hut nach Amerika ausgewandert."

„Ja – und ohne Geld. Denn alles Ersparte hatte er im Haus gelassen. Er hatte nichts angerührt."

„Ohne Jacke und Hut und ohne Geld? Wie will er denn da nach Amerika kommen? Das ist doch nicht gut möglich."

„Das habe ich mir auch oft gesagt, Anna. Aber es muss wohl so gewesen sein. Denn er war und blieb verschwunden."

„Hat ihn vielleicht jemand mitgenommen?"

„Er war ein kräftiger junger Mann. Der hätte sich gegen seinen Willen nicht mitnehmen lassen. Warum hätte ihn auch jemand mitnehmen sollen? Nein, nein! Er muss wohl schon selbst auf und davon sein."

„Es hat dir doch bestimmt wehgetan – so einfach im Stich gelassen zu werden?"

„Was wollte ich machen, Anna? Ich war zornig auf ihn, das stimmt. Aber auch seine Eltern haben nicht verstanden, was er getan hat. Niemand im Dorf konnte das begreifen. Alle haben mich getröstet. Ich habe viel gearbeitet, da konnte ich dann irgendwie drüber wegkommen."

„Und sonst war da keiner, der dich hätte heiraten können?“

„Es gab schon hier und da mal eine Gelegenheit, aber ich wollte eigentlich nicht mehr. So richtig vergessen konnte ich ihn nicht. Jetzt, wenn ich davon rede, dann wird mir wieder klar, dass ich ihn mein ganzes Leben lang nicht vergessen habe.“

Anna sieht, dass sich Lisa verstohlen eine Träne aus dem Auge wischt. „Ach, Lisa ...“, sagt Anna, wird aber sofort von ihr unterbrochen: „Lass gut sein, Kind! Jetzt kennst du meine Geschichte. Was vergangen ist, mag ruhen. Mir geht es doch gut hier bei dir.“

„Und das soll auch so bleiben!“ Anna streicht ihr beruhigend über das Haar.

Lisa steht auf, um ins Haus zu gehen. „Am liebsten würde ich hier im Haus bleiben, bis ich die Augen zumache.“

„Das hat noch Zeit, Lisa. Und darüber brauchen wir kein Wort mehr zu verlieren. Du bleibst bei uns, solange du atmest.

Wie lange hat damals eigentlich Onkel Frieder noch gelebt?“

„Nicht mehr lange. Er hatte es mit der Marie genauso schlecht getroffen wie ich. Erst hat er das Essen verweigert, dann ist er nicht mehr aufgestanden. Nach ein paar Wochen, er war zuletzt gar nicht mehr bei sich, ist er eingeschlafen.“

Zurück aus dem Gefängnis

Mehrmals im Jahr kommen wenig Vertrauen erweckende Gestalten zum Schulzen. Es sind Menschen, die ohne Wohnsitz sind und von Dorf zu Dorf wandern, um sich mit Gelegenheitsarbeiten am Leben zu erhalten. Johannes lädt solche Männer immer zu Tisch, gibt ihnen Arbeit, solange sie mögen. Oftmals bleiben sie nur kurz, viele von ihnen sind nicht allzu wild aufs Arbeiten. Dennoch lädt Johannes alle zu Tisch, besteht darauf, dass sie an der Andacht teilnehmen, und redet mit ihnen über das große Angebot Gottes an die Menschen.

Anna wundert sich daher nicht, als Johannes einen Mann mittleren Alters mit in die große Küche bringt, in der die Familie mit den Tagelöhnern zum Mittagessen zusammenkommt.

Johannes sagt zu Anna: „Du kennst unseren heutigen Gast. Es ist Jost. Er ist wieder da."

Anna rennt aus der Küche. Jost, ihr Bruder, ist wieder im Dorf. Ihr Bruder, der sie geschändet und gedemütigt hat. Sie will ihn nicht sehen. Kann denn die Vergangenheit nie vergangen sein?

Sie wartet, bis Johannes mit Jost und den Männern, die als Tagelöhner beim Schulzen arbeiten, die Küche verlassen haben. Lisa hat Jost nicht erkannt, weil er sehr schweigsam seine Suppe gelöffelt hat. Alt sieht er aus und vergrämt, hat nur noch wenig Haare auf dem Kopf.

Anna schickt die Kinder zu allen möglichen Arbeiten, lässt Lisa in der Küche allein und setzt sich in der Schlafkammer auf das Bett. Sie muss erst wieder ruhig werden. Niemals kann sie vergessen, was er ihr angetan hat. Sie denkt an die Schmach im Garten. Damals wollte er ihre erbarmungswürdige Lage ausnutzen. Ein Schuft war er. Aber er ist auch ihr Bruder. Doch das weiß nur sie allein.

„Lieber Gott", sagt sie laut, „Johannes weiß nichts von den Demütigungen, nichts von Josts schäbigem Verhalten, nichts davon, dass er mich auf den Heuboden rief, um sich an mir zu vergehen. Ich kann das nicht vergessen. Und ich kann ihm nicht vergeben. Vielleicht will ich es auch gar nicht. Hilf mir doch, lieber Gott!"

Anna hat plötzlich Tränen in den Augen. Sie, die so selten weint. Sie muss laut schluchzen. Und dann weiß sie es: Sie kann ihm vergeben. Sie muss nicht ein Leben lang Hass gegen ihn im Herzen tragen. Hass tötet. Und Gott will nicht, dass der Hass gegen einen anderen Menschen sie auffrisst. Ihretwegen will Gott das nicht. Und Josts wegen will er das auch nicht.

Spät am Abend, als sie mit Johannes allein ist, erzählt sie ihm, dass Jost ihr Bruder ist und woher sie es weiß. Sonst sagt sie nichts. Sie will ihren Mann nicht damit belasten.

Anna hat schließlich eine Idee. Weil Jost vorerst im Dorf bleiben will, soll Johannes ihm ihre Kate anbieten, die seit ihrer Hochzeit nicht mehr bewohnt ist. Zwar hat Anna den Garten bearbeitet und das Häuschen vor dem Verfall bewahrt, aber es steht leer. Dort mag Jost einziehen, wenn er will. „Es ist schließlich das Haus seines Vaters", sagt Anna, „auch wenn er es selbst nicht weiß."

Jost zieht in die Kate. Er ist froh, eine Bleibe zu haben. Er arbeitet als Tagelöhner, aber er hat im Dorf einen schweren Stand, denn die Leute haben seine Brandstiftung nicht vergessen, vor allem diejenigen nicht, die durch sein Verbrechen damals Haus und Hof verloren hatten.

Lisas Bräutigam

Nach einer stürmischen Novembernacht kommt einer der Waldarbeiter aufgeregt auf den Hof. „Ist der Schulze da?“ Anna überlegt. „Er ist heute früh nach Wolfhagen gefahren. Gegen Mittag könnte er zurück sein.“ Der Mann macht ein nachdenkliches Gesicht.

„Was gibt es denn?“, fragt Anna.

„Ich weiß nicht, ob ich es Euch sagen soll, Schulzin. Es ist ganz schrecklich gruslig. Habt Ihr Angst davor?“

„Ich denke nicht. Ist irgendwo ein Unfall geschehen?“

„Ein Unfall gerade nicht. Aber heute Nacht bei dem Sturm ist oben neben der Burg eine von den alten Eichen umgegangen. Sie war hohl. Der Stamm ist der Länge nach in mehrere Teile zerborsten. Und stellt Euch vor: In dem hohlen Baum steckte ein Gerippe. Das Gerippe eines Menschen. Der muss vor vielen Jahren dort auf den Baum gestiegen sein. Dann ist er wohl in die Höhle im Innern des Baumes gerutscht und konnte dort nicht mehr heraus. Er muss in der Eiche umgekommen sein.“

Anna steht wie betäubt. Sie weiß, wer dieser Mensch gewesen ist. In diesem Baum steckte all die Jahre über der Schäfer, der Bräutigam von Lisa. Er war also wirklich nicht nach Amerika gegangen, sondern auf ungeklärte Weise in den Baum gerutscht und darin elendiglich umgekommen.

„Diese Nachricht macht Euch doch sehr zu schaffen, Schulzin, nicht wahr?“

„Ja“, gibt Anna zu.

„Ich wollte den Schulzen fragen, was wir mit dem Gerippe tun sollen.“

„Der Schreiner soll eine kleine Totenlade anfertigen. Vielleicht hat er ja auch eine in der Werkstatt stehen. Tragt sie hinauf zu dem umgestürzten Baum und legt die Gebeine dort hinein."

„Was soll ich dem Schreiner sagen, wer die Totenlade bezahlt?"

„Sag ihm, dass er dem Schulzen die Rechnung bringen soll!"

„Und was soll dann mit der Totenlade geschehen?"

„Ihr bringt sie her in unsere Scheune. Ich werde in der Zwischenzeit mit dem Pfarrer sprechen. Denn der unglückliche Mensch, der dort den Tod gefunden hat, ist sicherlich ein Christ und sollte auf einem Gottesacker zur letzten Ruhe gebettet werden."

„So ist es wohl das Allerbeste, Schulzin. Ihr seid eine kluge Frau. Ich denke, der Schulze selbst hätte auch nichts anderes entschieden."

„Dann macht es so! Und nicht viel Aufhebens von der Sache! Bevor wir nicht ganz genau wissen, was es mit diesem geheimnisvollen Gerippe auf sich hat, sollte davon nichts nach außen dringen."

Als der Mann fortgegangen ist, macht sich Anna auf den Weg zum Pfarrer. Es besteht für sie kein Zweifel daran, dass es sich um Lisas verschwundenen Bräutigam handelt. Soll sie Lisa die schreckliche Wahrheit sagen? Dass der junge Mann seinerzeit wohl auf die große Astgabel im Kronenbereich der damals schon morschen Eiche gestiegen, dort eingebrochen und in den hohlen Stamm gerutscht ist, ohne sich je wieder befreien zu können? Würde Lisa die Wahrheit ertragen können? Anna muss das mit Johannes besprechen.

Sie erzählt dem Pfarrer alles, was sie über das Verschwinden des jungen Schäfers weiß. Dass er Lisas Bräutigam war, erwähnt sie nicht. Der Pfarrer beschließt, die

Gebeine auf dem Gottesacker zu bestatten und dem Verunglückten am offenen Grab eine Leichenpredigt zu halten.

Johannes meldet den Fund an höherer Stelle. Eine kriminalistische Untersuchung kommt zu dem Schluss, dass es sich offensichtlich nicht um ein Verbrechen gehandelt hat, sondern dass es ein Unfall gewesen ist. Die Gebeine werden zur Bestattung freigegeben.

Johannes und Anna beschließen, Lisa nichts vom tragischen Tod des Bräutigams zu sagen. Lisa ist ohnehin in letzter Zeit vergesslicher, manchmal auch etwas wirr im Kopf. Sie verlässt das Haus überhaupt nicht mehr und muss sich über Tag öfter mal zurückziehen, um zu ruhen. Sie isst nur noch wenig, nimmt stattdessen lieber einen Schluck aus der Flasche. Es ist nicht sehr schwer, die Nachricht vom Auffinden des Gerippes, die schließlich doch in das Dorf gedrungen ist, von ihr fern zu halten.

Annas Traum

Anna hat einem gesunden Sohn das Leben geschenkt. Der kleine Christian entwickelt sich gut.

Für Lisa ist es das schönste Kind unter der Sonne. Aber so richtig ist sie nicht mehr dabei, ist ganz hinfällig geworden, sehr abgemagert. Nur ihre Energie hat sie behalten. Obwohl sie sich mehrmals täglich zu einer kleinen Ruhepause zurückzieht, steht sie immer wieder auf, um noch ein wenig zu arbeiten. Dabei hätte sie es doch gar nicht nötig, weil die großen Mädchen von Anna gut angelernt wurden.

Die Mädchen haben längst die kleine Kammer hinter der Küche geräumt und sind in die Dachstube gezogen. Lisa hat jetzt ihre Kammer hinter der Küche. Da braucht sie keine Treppen zu steigen.

Lisa wird immer seltsamer. So erzählt sie in letzter Zeit tatsächlich, Tante Emma, die schon vor einigen Jahren gestorben ist, habe ihr einen Besuch abgestattet, an ihrem Bett gesessen und wie in alten Tagen Geschichten erzählt.

„Aber Lisa“, hatte Anna anfangs gesagt, „Tante Emma lebt doch nicht mehr. Wie kann sie da an deinem Bett sitzen und dir Geschichten erzählen?“

„Aber sie war da“, hat Lisa steif und fest behauptet.

Inzwischen nickt Anna und sagt nichts mehr.

An einem Sonntagnachmittag während der Stubenversammlung sinkt Lisa vom Stuhl. Sie ist tot. Ihr Grab erhält sie nicht weit von dem ihres Bräutigams entfernt.

Manchmal träumt Anna noch immer ihren alten Traum von der Burg, in der sie gefangen ist. Aber es ist jetzt kein Alptraum mehr. Im Burghof laufen keine Bären mehr herum, mit denen sie kämpfen muss. Sie versucht auch nicht, über die Mauer zu klettern, die sich unter ihrer Berührung zu einem Wall aus Schlangenleibern verwandelt. Und niemand wird mehr von einem Stier getötet. Der Traum ist schön geworden. Sie muss einen schlanken Mann mit hellblauen Augen und braunen Haaren retten, muss ihn aus der Burg tragen, denn er ist ihr kostbarster Besitz. Sie darf aber nur das mitnehmen, was sie tragen kann. Sie lässt die schwere Schatztruhe stehen und nimmt den Mann auf den Rücken. Der strenge Landgraf am Tor trägt die Züge ihres Vaters und sagt: „So ist es recht! Ich wollte, überall im ganzen Land wären die Männer der kostbarste Besitz ihrer Frauen.“

In ihrem Traum verschmelzen dann der Mann, den sie getragen hat, und der Landgraf zu einer einzigen Person – zu einem richtigen Märchenprinzen. Sie, die prächtige Kleider trägt, wandert mit ihm einen sonnigen, mit Blumen bestandenen Weg entlang. Jedes Mal wenn sie wach wird, ist sie fast ein bisschen traurig, weil der Traum immer so schön ist.

Mutterliebe

Heute ist Anna mit Klara, ihrer Stieftochter, unterwegs. Die junge Klara soll demnächst konfirmiert werden und dann in Stellung gehen. In einem Nachbarort kann sie unterkommen. Sie soll Stallmagd werden wie seinerzeit Anna.

„Du bist immer gut zu mir gewesen. Ich konnte keinen Unterschied zwischen meiner Mutter und meiner Stiefmutter merken“, sagt das junge Mädchen zu Anna. „Ich danke dir.“

Anna lacht. „Ist schon gut. Ich habe Euch doch so lieb wie meine eigenen Kinder.“

Im Nachbarort angekommen, sucht Anna sofort den Hof, auf dem Klara in Stellung gehen soll. Bevor sie sich noch zu einer Tasse Kaffee einladen lässt, bittet sie darum, die Kammer ihrer Tochter sehen zu dürfen. Man ist erstaunt über den Wunsch, kann ihn aber der Schulzin des Nachbarortes nicht gut abschlagen.

Anna geht in die Kammer und schaut sich die Türe von innen an. Es gibt keinen Riegel. Da packt Anna ihre Tochter am Arm. „Hier wird Klara nicht arbeiten“, sagt sie entschieden und verlässt das Haus ohne Gruß, die Stieftochter hinter sich herziehend.

„Frage mich nichts, Kind“, beugt sie vor, als Klara sie verständnislos anblickt. „Wir werden einen anderen Hof für dich finden, auf dem du arbeiten kannst.“

Bücher von Heinz-Lothar Worm:
Das besondere Geschenk – Mehr als Erinnerungen

Klara und Katharina
Schulzes Anna und ihre Töchter

140 Seiten. Fester Einband
Bestell-Nr. 3-7655-1606-6

Klaras Ehe mit Christian ist – trotz der tiefen Liebe zueinander – von viel Leid geprägt. Der Erste Weltkrieg fordert Opfer im engsten Verwandtenkreis, Krankheitsepidemien bringen große Not über die Familie. Katharina, Klaras Halbschwester, hilft tatkräftig mit, um Kinder, Haus und Hof zu versorgen …

Die Tietze Milli

140 Seiten. Taschenbuch
Bestell-Nr. 3-7655-1620-1

Auch als Hörbuch lieferbar. 2 MC. Laufzeit ca. 200 Min.
Bestell-Nr. 3-7655-3698-9

Als Tochter eines bettelarmen Webers muss Milli es schon früh lernen, nur mit dem Nötigsten auszukommen. Das Geschick des Sudetenlandes und die Vertreibung aus der Heimat erlebt sie am eigenen Leibe mit.

Johanna

160 Seiten. Fester Einband
Bestell-Nr. 3-7655-1668-6

Um dem »Erbhofgesetz« zu entgehen, muss die zwölfjährige Johanna im Jahr 1935 mit ihrer Familie den Bauernhof in Mecklenburg verlassen. In Duisburg verbringt das Mädchen die restliche Schulzeit unter einem fanatischen Lehrer, der für ganz andere Werte eintritt als ihre Eltern. Johanna ist fasziniert von der neuen Ideologie, die scheinbar ganz Deutschland erfasst hat. Erst nach Kriegsende, als die Verbrechen des Nationalsozialismus bekannt werden, kommt die große Ernüchterung: Johanna wird bewusst, dass sie um die besten Jahre ihres Lebens betrogen worden ist. Doch im Gegensatz zu vielen anderen verfällt sie nicht in Hoffnungslosigkeit, sondern wagt einen neuen Anfang.

„Die Erzählungen von Heinz-Lothar Worm sind spannend, weil ihre Handlungen nicht erfunden sind, weil sie in klarer Sprache mitten aus dem Leben vor nicht allzu langer Zeit berichten.“ (Gießener Allgemeine Zeitung)

Der Distelfink

168 Seiten. Fester Einband
Bestell-Nr. 3-7655-1882-4

Auf seiner gestopften Hose prangen Flicken in allen Farben – „Distelfink" nennen ihn daher die Leute. Ludwig, der Junge aus dem kleinen Taunusdorf, lebt in ärmlichen Verhältnissen. Als seine Mutter stirbt, reißt er zusammen mit Marilis, dem Nachbarsmädchen, aus.

Heinz-Lothar Worm ist in alten Dokumenten auf das ergreifende Schicksal der beiden Waisenkinder gestoßen. Auf Ihrer Flucht durch Hessen und Sachsen wird das Alltagsleben der Menschen im 19. Jahrhundert hautnah miterlebt.